Hard

🍊 + 🍊 + 🍊 = **6**

🍊 + 🍓 + 🍓 = **12**

🍐🍐 + 🍓🍓🍓 + 🍓 = **23**

🍊 x 🍐 + 🍊 = **___**

Hard

🍎 + 🍎 + 🍎🍎🍎 = **10**

🍎 + 🍊 x 🍎🍎 = **18**

🍓🍓 + 🍊 + 🍓🍓 = **14**

🍎 + 🍓🍓🍓 + 🍓 = **___**

Hard

 +  + = 5

x 🍊 x 🍐 = 16

🍍🍍 x 🍐 + 🍍🍍 = 56

+ 🍍 - = ___

Hard

🥝 + 🥝 + 🥝 = 3

🥝 + 🍓 + 🥝 = 12

🍓 + 🍓 + 🍓🍓🍓 = 25

🥝 - 🍓🍓 + 🥝🥝 = ___

Hard

🥝 + 🥝 + 🥝 = **6**

🥝 x 🍐 + 🥝 = **18**

🍐 + 🍐 + 🍐 = **13**

🥝 + 🍐 - 🍐 = **___**

Hard

🍌 + 🍌 + 🍌 = **8**

🍌 + 🍍🍍🍍 x 🍍 = **81**

🍍 + 🍋 x 🍍 = **25**

🍌 + 🍋 - 🍌 = **___**

Hard

 = 8

 = 5

 = 35

 = ___

Hard

= 20

= 29

= 28

 = ___

Hard

 = 4

 = 2

 = 9

🍓 + 🥝 x 🍓 = ___

Hard

🍊 + 🍊 + 🍊 = 25

 = 25

 = 125

🍊 - 🍋 + 🍊 = ___

Hard

 +  +  = 12

 x  +  = 8

 +  x  = 11

 x  +  = ___

Hard

 +  +  = 15

 +  +  = 21

 +  x  = 18

 x  x  = ___

Hard

🍌 + 🍌 + 🍌 = 12

🍌 + 🍓🍓 x 🍓 = 41

🍑 + 🍓 + 🍓 = 16

🍌 + 🍑🍑 x 🍌 = ___

Hard

🥝 + 🥝 + 🥝 = 3

🥝 + 🍍 + 🥝🥝 = 6

🍎🍎 + 🍍 + 🍎 = 14

🥝🥝 x 🍎🍎 - 🥝 = ___

Hard

 = 30

 = 24

🍓🍓 x 🍋 x 🍋 = 36

🍋🍋 - 🍋 - 🍋 = ___

Hard

🍍 + 🍍🍍🍍 + 🍍 = 20

🍍 + 🍓🍓 + 🍓 = 8

🍓 x 🍓🍓 + 🍋 = 4

🍍🍍 - 🍋 - 🍋 = ___

Hard

 = 4

 = 9

 = 10

 = ___

Hard

🍓 + 🍓🍓 + 🍓 = 12

🍓🍓 + 🍋🍋 + 🍓 = 22

🍋🍋 + 🍎 + 🍋 = 18

🍓🍓 - 🍎 + 🍎🍎 = ___

Hard

 +  +  = 10

 x + = 12

x x 🍍 = 24

 - 🍍🍍 x 🍍 = ___

Hard

+ + = 12

x + = 4

+ + = 9

x - = ___

Hard

 = 14

 = 8

 = 20

 +  -  = ___

Hard

 = 30

= 17

= 16

= ___

Hard

 +  +  = 25

 + 🍍 + 🍍🍍 = 20

🥝 x 🥝 x 🍍 = 80

 x 🥝 +  = ___

Hard

 +  +  = 6

 + 🍌 x 🍌 = 31

🍎 x 🍎 + 🍎🍎 = 20

 + 🍎 - 🍎🍎 = ___

Hard

 + + = 8

 + x = 11

 + x = 32

+ - = ___

Hard

+ + = 8

x + = 5

+ + = 3

+ + = ___

Hard

 +  +  = **12**

 x  +  = **93**

 x  x  = **250**

 +  -  = **___**

Hard

 +  +  = **9**

 x  x  = **144**

 x  x  = **160**

 +  x  = **___**

Hard

 = 12

 = 9

 = 26

🍋 + 🍐 + 🍐 = ___

Hard

🍋 + 🍋 + 🍋 = 6

🍋 + 🍊 x 🍋 = 8

🍒 + 🍎 + 🍊 = 7

🍋🍋 x 🍎 + 🍋 = ___

Hard

 = 15

 = 53

 = 8

🍎 + 🍐 - 🍐🍐 = ___

Hard

🍉 + 🍉 + 🍉 = 25

🍉 + 🍐 + 🍐 = 13

🍐 + 🍌 + 🍐 = 16

 = ___

Hard

🍌 + 🍌 + 🍌 = **30**

🍌 x 🍐 + 🍐 = **51**

🍐 x 🍐 + 🥝 = **14**

🍌 - 🥝 - 🥝 = **___**

Hard

🍎 + 🍎 + 🍎 = **12**

🍎 + 🍌 + 🍎 = **19**

🥝 + 🍌 x 🍌 = **65**

🍎 - 🥝 + 🍎 = **___**

Hard

🍓 + 🥝 + 🥝 = 28

🍓 + 🥝 × 🥝 = 7

🥝 × 🍓 + 🥝 = 6

🍓 − 🍓 − 🥝 = ___

Hard

🍒 + 🍒 + 🍒 = 28

🍒 + 🍓 + 🍓 = 24

🍓 + 🍓 + 🍓 = 13

🍒 × 🍓 × 🍒 = ___

Hard

 +  +  = **9**

+ + = **18**

+ x = **4**

+ x = **___**

Hard

 + + = **20**

x + = **55**

+ x = **16**

- - = **___**

Hard

🍌 + 🍐 + 🍌 = 10

🍌 x 🍍 + 🍍🍍 = 4

🍍 + 🍓 + 🍓🍓 = 10

🍌 x 🍓🍓🍓 + 🍓🍓 = ___

Hard

🍊 + 🍊 + 🍊 = 3

🍊🍊 + 🍋 + 🍊 = 6

🍊 x 🍋 x 🍋 = 16

🍊 x 🍋 + 🍊 = ___

Hard

 = 3

 = 3

🍍🍍🍍 + 🍌 + 🍌 = 17

🍉 + 🍍 - 🍉 = ___

Hard

🍍 + 🍍🍍 + 🍍 = 16

🍍 + 🍋 + 🍍 = 11

🍌 + 🍋🍋 x 🍌 = 12

🍍🍍 x 🍌 - 🍍 = ___

Hard

 +  + = 15

+ x = 18

+  x = 35

+ - = ___

Hard

 + + = 18

+ x = 38

+ + = 8

- - = ___

🍌 + 🍌 + 🍌 = **6**

🍌 + kiwi + 🍌 = **14**

kiwi + orange + orange = **12**

🍌 − orange − orange = **___**

pear + pear + pears = **8**

pear + apples + apple = **11**

strawberry + strawberries **x** strawberries = **95**

pears + strawberry + strawberries = **___**

Puzzle 47

Hard

 + + = 6

+ + = 13

× + = 15

− + = ___

Puzzle 48

Hard

+ + = 4

+ + = 9

+ × = 7

× − = ___

Hard

 = 3

 = 5

 = 300

 = ___

Hard

🍍🍍 + 🍍 + 🍍 = 20

🍍 + 🍊 + 🍍 = 11

🍊 + 🍊 + 🍌 = 10

🍍 x 🍌 - 🍍🍍🍍 = ___

Hard

 = 12

 = 21

 = 10

 x  x  = ___

Hard

 = 12

+ x = 29

x + = 53

x x = ___

Hard

🍋 + 🍋 + 🍋 = **12**

🍋 + 🍍 + 🍋 = **17**

🍎 x 🍍 + 🍍🍍🍍 = **35**

🍎 + 🍎 + 🍎 = **___**

Hard

🍐 + 🍐 + 🍐🍐🍐 = **10**

🍐🍐 x 🍎 + 🍎 = **20**

🍋 + 🍎 x 🍋 = **15**

🍐 - 🍋 x 🍋 = **___**

Hard

 = 12

 = 216

 = 100

 = ___

Hard

 = 4

+ + = 3

x x = 2

 = ___

Hard

 = 30

 = 22

 = 8

🍓 - 🍋 x 🍓 = ___

Hard

 = 16

🍍 + 🍌 + 🍌 = 6

🍊 + 🍊 x 🍌 = 4

🍍 - 🍊 - 🍍 = ___

Hard

🍐 + 🍐🍐 + 🍐 = **4**

🍐🍐 + 🍓 + 🍓🍓 = **14**

🍎 x 🍓🍓 + 🍓 = **15**

🍐🍐 + 🍎 - 🍎 = **___**

Hard

🍉 + 🍉 + 🍉 = **5**

🍉 + 🍑 x 🍑 = **4**

🍑 x 🍑 + 🍑 = **9**

🍉 + 🍑 - 🍑 = **___**

Hard

🍉 + 🍉 + 🍉 = 7

🍉 + 🍐 + 🍉 = 7

🍐🍐 + 🍐 × 🍋 = 3

🍉 × 🍋🍋 + 🍉 = ___

Puzzle 62

Hard

🍉 + 🍉 + 🍉 = 20

🍉 × 🍓🍓 + 🍓 = 64

🍓 × 🍎 × 🍓🍓 = 32

🍉 × 🍎 + 🍎 = ___

Hard

 = 25

 = 18

 = 55

 = ___

Hard

 = 15

= 16

= 72

 = ___

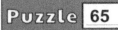

Puzzle 65

Hard

🍓🍓 + 🍓🍓🍓 + 🍓 = **24**

🍓 + 🍎🍎 + 🍎🍎🍎 = **28**

🍎 + 🍎 + 🍎🍎🍎 = **17**

🍓 x 🍎 + 🍓 = **___**

Puzzle 66

Hard

🍓 + 🍓 + 🍓🍓🍓 = **15**

🍓 + 🍋 + 🍋 = **13**

🍋🍋 x 🍋🍋🍋 + 🍋 = **65**

🍓 x 🍎 - 🍓🍓 = **___**

Hard

 = 6

 = 10

 = 39

 = ___

Hard

 = 20

+ x = 100

+ + = 24

- x = ___

Hard

 +  +  = **15**

 x  x  = **25**

 +  +  = **3**

 +  x  = **___**

Hard

 +  +  = **3**

 x  +  = **8**

 +  +  = **15**

 x  x  = **___**

Hard

🍓 + 🍓 + 🍓 = 6

🍓 + 🥝 + 🍓 = 5

🥝 + 🍊 + 🍊 = 7

🍓 + 🍊 × 🍊 = ___

Hard

🍓🍓 + 🍓 + 🍓 = 15

🍓 × 🍈 × 🍓🍓 = 36

🍈 + 🍈 + 🍌 = 5

🍓 − 🍌 × 🍌 = ___

Hard

 +  + = 10

+ + = 8

+ + = 15

- - = ___

Puzzle 74

Hard

+ + = 12

x + = 20

+ + = 8

- x = ___

Puzzle 75

Hard

🥦 + 🥦 + 🥦 = 18

🥦 × 🍎 + 🍎 = 20

🍎 + 🍍 + 🍍 = 11

🥦 − 🍍 × 🍍 = ___

Puzzle 76

Hard

🍐🍐 + 🍐 + 🍐🍐 = 5

🍐 × 🍉 × 🍐🍐 = 30

🍉 + 🍉 × 🍍 = 75

🍐 + 🍍 + 🍐 = ___

Hard

 = 3

 = 12

 = 55

🍓 - 🍊 - 🍓 = ___

Hard

 = 25

 = 68

 = 192

🍍 - 🍋 x 🍋 = ___

Hard

 = 16

 = 14

 = 11

 = ___

Hard

 = 20

= 21

= 40

= ___

Hard

 = 6

 = 7

 = 9

🍌 x 🍋 + 🍌 = ___

Hard

 = 25

 = 20

🥝 + 🍓 x 🍓 = 25

🍍🍍🍍 + 🍓 x 🍍 = ___

Hard

 = 9

 = 20

 = 6

 = ___

Hard

= 24

= 162

= 22

 = ___

Hard

 = 12

 = 11

 = 6

 = ___

Hard

= 8

= 6

= 6

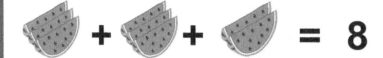 = ___

Hard

🍓🍓 + 🍓🍓 + 🍓 = **10**

🍓 x 🥔 + 🥔🥔 = **25**

🥔🥔 x 🍎 x 🥔🥔 = **300**

🍓🍓 - 🍎🍎🍎 - 🍎🍎🍎 = **___**

Hard

🍋 + 🍋 + 🍋 = **30**

🍋 + 🍎 x 🍎 = **42**

🍋 + 🍎 + 🍎 = **8**

🍋 - 🍎 x 🍋 = **___**

Hard

 = 28

 = 10

 = 12

 = ___

Hard

🍉 + 🍉 + 🍉 = 7

🍉 + 🍎 + 🍉 = 14

🍎 + 🍎 x 🥝 = 16

🍉 + 🥝 + 🍉 = ___

Hard

 = **24**

 = **21**

 = **95**

= ____

Hard

= **15**

= **15**

= **12**

= ____

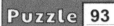

Puzzle 93

Hard

🥝 + 🥝 + 🥝 = **6**

🥝 + 🍉 × 🍉 = **18**

🍓🍓 + 🍓🍓🍓 × 🍉 = **56**

🥝 + 🍓 + 🍓 = **___**

Puzzle 94

Hard

🍎🍎🍎 + 🍎 + 🍎 = **25**

🍎🍎 + 🍋 × 🍎 = **50**

🍓 × 🍋 × 🍋🍋 = **240**

🍎 + 🍓 × 🍎🍎🍎 = **___**

Hard

🍓🍓 + 🍓 + 🍓 = 25

🍓 x 🍌 + 🍌 = 18

🍉 + 🍌 x 🍌 = 20

🍓 − 🍉 x 🍓 = ___

Hard

🥚🥚🥚 + 🥚🥚🥚 + 🥚 = 21

🥚 + 🍍🍍🍍 x 🥚 = 39

🍍🍍🍍 + 🍉 + 🍍 = 17

🥚 − 🍉 + 🍉 = ___

Hard

 = 15

= 53

= 14

= ___

Hard

 = 24

= 19

= 21

= ___

Hard

🍐 + 🍉 + 🍉 = 10

🍐 + 🍉 + 🍉 = 7

🍉 + 🍐 x 🍐🍐 = 13

🍐 - 🍐🍐 + 🍐 = ___

Hard

🍊 + 🍊🍊 + 🍊 = 4

🍊 + 🍎 + 🍊 = 3

🍎🍎🍎 + 🍊 x 🍊 = 7

🍊🍊 + 🍊 x 🍊 = ___

Hard

 = 24

 = 8

 = 4

 = ___

Hard

+ + = 35

+ + = 21

x + = 28

- - = ___

Hard

 = 9

 = 30

 = 21

 = ___

Hard

 = 20

 = 108

 = 36

 = ___

Hard

 **= 24**

 **= 8**

 **= 5**

 **= ___**

Hard

 **= 25**

 **= 18**

= 4

= ___

Hard

 = 6

 = 9

 = 10

 = ___

Hard

 = 35

 = 27

 = 7

 = ___

Hard

 = 20

 = 53

 = 28

 = ___

Hard

 = 15

 = 50

+ + = 13

 = ___

Hard

 = 6

 = 28

 = 8

 = ___

Hard

= 15

= 8

= 4

= ___

Hard

 **+**  **+**  **= 12**

 **x**  **+**  **= 36**

 **+**  **+**  **= 14**

 **+**  **+**  **= ___**

Hard

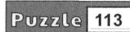 **+** **+** **= 6**

 x **+** **= 22**

 + **+** **= 9**

 - **+** **= ___**

Hard

 +  +  = 25

 + · x · = 34

x · x = 162

− x = ___

Hard

 + + = 12

+ x = 60

x + = 20

− − = ___

Hard

 = **20**

 = **64**

 = **11**

 = **___**

Hard

 = **4**

+ + = **10**

+ + = **10**

x x = **___**

Hard

 = 8

 = 44

 = 35

 = ___

Hard

🍓🍓 + 🍓 + 🍓 = 16

🍓 + · + 🍓 = 10

· + 🥝 + 🥝 = 12

🍓 + 🥝 - 🥝 = ___

Hard

 + + = 9

+ + = 7

+ x = 10

- - = ___

Hard

 + + = 6

+ + = 7

x x = 81

- x = ___

Hard

 = **20**

 = **12**

 = **17**

 = **___**

Hard

 = **18**

= **14**

= **96**

= **___**

Hard

 = 14

 = 18

 = 184

 = ___

Hard

🍌 + 🍌 + 🍌 = 25

🍌 + 🍊 x 🍌 = 40

🍎 + 🍎 + 🍊 = 21

🍌 x 🍎 + 🍌 = ___

Hard

 = 5

 = 9

 = 36

 = ___

Hard

 = 20

 = 52

 = 21

 = ___

Hard

 = 16

 = 192

 = 20

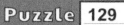 = ___

Hard

= 20

= 40

= 14

 = ___

Hard

🍉 + 🍉 + 🍉 = 5

🍉 x 🍍 x 🍍 = 25

🍎 + 🍍🍍 + 🍍 = 19

🍉 + 🍎🍎🍎 x 🍉 = ___

Hard

🍑 + 🍑🍑 + 🍑 = 15

🍑🍑 + 🍑🍑🍑 + 🍑 = 12

🥝 + 🍑🍑 + 🍎 = 9

🍑 + 🥝 - 🍑🍑 = ___

Hard

🍋 + 🍋🍋 + 🍋 = 8

🍋 x 🍋 + 🍋 = 10

🍐 + 🍐 + 🍐 = 6

🍋 + 🍐 + 🍋 = ___

Hard

🥝 + 🥝 + 🥝 = 12

🥝 + 🍎🍎 + 🥝 = 18

🍉 x 🍎 + 🍎🍎 = 30

🥝 x 🍉 - 🥝 = ___

Hard

$$\text{🍓} + \text{🍓} + \text{🍓} = 6$$

$$\text{🍓} \times \text{🍉} \times \text{🍓} = 48$$

$$\text{🍉} \times \text{🍍} + \text{🍉} = 24$$

$$\text{🍓} + \text{🍍🍍} - \text{🍍} = \underline{\quad}$$

Hard

$$\text{🥝} + \text{🥝🥝} + \text{🥝} = 25$$

$$\text{🥝} + \text{🥝} + \text{🥝} = 11$$

$$\text{🍒} \times \text{🍒} + \text{🍒} = 60$$

$$\text{🥝} - \text{🍏} + \text{🍏} = \underline{\quad}$$

Hard

 = 20

 = 21

 = 11

 = ___

Hard

= 15

= 12

= 14

= ___

Hard

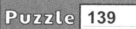

🍉 + 🍉 + 🍉 = 10

🍉 x 🍓🍓 x 🍉 = 216

🍍 + 🍓🍓 + 🍍 = 14

🍉 x 🍍 x 🍍🍍 = ___

Hard

🍉 + 🍉 + 🍉 = 12

🍉 + 🍎 + 🍉 = 22

🍎 + 🍎🍎 + 🍎 = 13

🍉 - 🍎🍎 x 🍎🍎 = ___

Hard

🍋 + 🍋 + 🍋 = 3

🍋 + 🍊 + 🍊 = 13

🍊 + 🍊 + 🍓 = 17

🍋 x 🍓 x 🍋 = __

Hard

🍌 + 🍌 + 🍌 = 10

🍌 + 🍋 x 🍌 = 22

🍉 + 🍉 + 🍋 = 15

🍌 + 🍉 + 🍌 = __

Hard

 = 10

 = 7

 = 10

 = ___

Hard

 = 6

= 101

 = 14

= ___

Hard

 = 9

 = 11

 = 16

 = ___

Hard

 = 15

= 7

= 5

= ___

Hard

 = 15

 = 21

 = 144

 = ___

Hard

 = 21

 = 20

 = 2

 = ___

Hard

 = 12

 = 14

 = 10

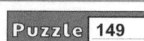

Hard

 = 12

 = 44

 = 15

Hard

🍎 + 🍎 + 🍎 = **28**

🍎 + 🍎🍎 x 🍎 = **184**

🍎 + 🍎🍎 + 🍍🍍 = **35**

🍎 x 🍍 + 🍎 = **___**

Hard

🍊🍊 + 🍊 + 🍊🍊 = **7**

🍊 + 🍓 + 🍊 = **8**

🍓 + 🍊 + 🍓🍓 = **16**

🍊 x 🍊 + 🍊🍊 = **___**

Hard

 = 10

 = 16

 = 35

 = ___

Hard

 = 5

 = 4

 = 16

 = ___

Hard

🥝 + 🥝 + 🥝 = **24**

🥝 + 🍎 + 🥝 = **22**

🥝 + 🥝 + 🍎 = **14**

🥝 + 🥝 - 🥝 = ___

Hard

🥝 + 🥝 + 🥝 = **20**

🥝 x 🍎 + 🍎 = **35**

🍎 + 🍎 + 🥝 = **19**

🥝 x 🍎 x 🥝 = ___

Hard

🍐🍐 + 🍐 + 🍐 = **16**

🍐 + 🍎 + 🍐 = **23**

🍎 × 🍎 × 🍎 = **1500**

🍐🍐 + 🍊 + 🍐 = **___**

Hard

🍋 + 🍋🍋🍋 + 🍋 = **25**

🍋 × 🍎🍎 × 🍋 = **250**

🍎 + 🍊 + 🍊 = **11**

🍋 + 🍊🍊 × 🍊 = **___**

Hard

 = 15

 = 9

 = 64

 = ___

Hard

 = 7

= 8

= 51

= ___

Puzzle 161

Hard

🍍 + 🍍 + 🍍 = **15**

🍍 + 🍉 + 🍍 = **15**

🥝 × 🍉 × 🍉 = **50**

🍍🍍 - 🥝 + 🥝🥝 = **___**

Puzzle 162

Hard

🍋 + 🍋🍋🍋 + 🍋 = **15**

🍋🍋🍋 + 🍌 + 🍌 = **11**

🍓🍓 + 🍓 × 🍌 = **20**

🍋 × 🍓 + 🍓🍓 = **___**

Hard

🍉 + 🍉 + 🍉 = 9

🍉 x 🍓🍓 + 🍓 = 35

🍓 + 🫐 + 🍓 = 11

🍉 x 🫐 x 🍉 = ___

Hard

🍎 + 🍎 + 🍎 = 15

🍎 + 🫐 x 🍎 = 20

🫐 x 🍉 + 🫐 = 24

🍎 + 🍉 - 🍎 = ___

Hard

 + 🍐 + 🍐🍐 = **18**

🍐 + 🍍 x 🍍 = **12**

🍎 + 🍍🍍 + 🍍 = **11**

🍐🍐 - 🍎🍎 x 🍎 = **___**

Hard

 + 🍎🍎 + 🍎 = **30**

🍎 + 🍎 x 🍎 = **15**

🍎🍎 + 🍎 + 🍍 = **7**

🍎 - 🍍🍍 + 🍎 = **___**

Hard

 = 4

 = 5

 = 13

 = ___

Hard

 = 32

 = 28

 = 24

= ___

Hard

 +  = 20

🥝 + 🍐 + 🥝 = 13

🍐 × 🍌 + 🍐🍐 = 15

🥝🥝 − 🍌 + 🥝 = ___

Hard

🍐 + 🍐🍐 + 🍐🍐 = 18

🍐🍐 + 🍍 × 🍐🍐 = 24

🍍 + 🍍 + 🍌 = 8

🍐🍐 − 🍌 × 🍌 = ___

Hard

 = 6

 = 12

 = 28

 = ___

Hard

 = 36

 = 13

 = 7

 = ___

Puzzle 173

Hard

🍋🍋🍋 + 🍋🍋 + 🍋 = **12**

🍋 + 🍎 + 🍎 = **8**

🍍 + 🍎 × 🍍🍍🍍 = **40**

🍋🍋 × 🍍 + 🍍🍍🍍 = **___**

Puzzle 174

Hard

🍐 + 🍐🍐🍐 + 🍐 = **10**

🍐 + 🍍 + 🍐 = **9**

🍍🍍🍍 + 🍌 × 🍍 = **20**

🍐 − 🍌 × 🍌 = **___**

Hard

 = 3

 = 10

 = 324

 = ___

Hard

= 6

= 14

= 12

 = ___

Hard

🍉 + 🍉 + 🍉 = **15**

🍉 + 🍍 + 🍍 = **11**

🍐🍐 + 🍍 + 🍍 = **9**

🍉 + 🍐 × 🍐 = **___**

Hard

🍑 + 🍑 + 🍑🍑 = **5**

🍑 × 🥝 + 🥝 = **12**

🥝 × 🍉 + 🍉 = **35**

🍑 + 🍉 - 🍉 = **___**

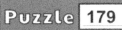

🍓 + 🍓 + 🍓 = 3

🍓 x 🍏 + 🍏 = 6

🍎 + 🍎 x 🍏 = 40

🍓 - 🍎 + 🍎 = ___

🍏 + 🍏 + 🍏 = 21

🍏 + 🍎 + 🍎 = 26

+ 🍎 x 🍎 = 30

🍏 + . + 🍏 = ___

Hard

 = 30

 = 22

 = 20

🍋 - 🥝🥝 + 🥝 = ___

Hard

🍌 + 🍌 + 🍌 = 12

🍌 + 🍋 + 🍌 = 9

🍋 x 🍊 x 🍋 = 12

🍌 - 🍊 + 🍌 = ___

Hard

 = 15

 = 17

 = 11

🍊 - 🍐 - 🍊 = ___

Hard

 = 10

 = 6

🍌 x 🍌 x 🍎 = 32

🍐🍐 - 🍌 + 🍐 = ___

Hard

🥝 + 🥝 + 🥝 = 12

🥝 x 🍋 + 🥝 = 15

🍋 x 🍋 x 🍋 = 81

🥝 - 🍋 x 🥝 = ___

Hard

🍐 + 🍐 + 🍐 = 4

🍐 + 🍊 + 🍊 = 9

🍍 + 🍊 x 🍍 = 40

🍐 + 🍍 x 🍍 = ___

Puzzle 187

Hard

🍎 + 🍊 + 🍎 = 3

🍊 + 🍍🍍 x 🍍 = 51

🫐 + 🫐 + 🍍🍍🍍 = 19

🍊 + 🫐 x 🍎 = ___

Puzzle 188

Hard

🍎 + 🍎🍎🍎 + 🍎 = 5

🍎 x 🫐 x 🍎 = 3

🍊 + 🫐 x 🫐 = 23

🍎 x 🍊 x 🍎 = ___

Hard

 +  +  = 16

 x  x  = 72

 x  x  = 144

 x  +  = ___

Hard

 +  +  = 5

 +  +  = 5

 x  +  = 8

 +  +  = ___

Hard

 = 20

 = 30

 = 11

 = ___

Hard

= 3

= 16

= 10

= ___

Hard

🥝 + 🥝 + 🥝 = **10**

🥝 + 🍐 + 🍐 = **6**

🍋 + 🍐 + 🍋 = **4**

🥝 + 🍋 - 🍋 = **___**

Hard

🍌 + 🍌 + 🍌 = **10**

🍌 × 🍋 + 🍋 = **12**

🍋 + 🍓 + 🍓 = **16**

🍌 × 🍓 + 🍌 = **___**

Hard

🍍🍍🍍 + 🍍🍍🍍 + 🍍 = **7**

🍍 + · + 🍍🍍 = **4**

· + 🍓🍓🍓 + 🍓 = **13**

🍍 + 🍓🍓🍓 x 🍍🍍 = **___**

Hard

🍍 + 🍍🍍 + 🍍 = **20**

🍍 + 🍎🍎 + 🍎🍎 = **11**

🍎 + 🍎 + 🍎 = **12**

🍍 + 🍎🍎 + 🍎 = **___**

Hard

🍋🍋 + 🍋 + 🍋 = 5

🍋 + 🍓 + 🍋🍋 = 5

🍍 + 🍍🍍 x 🍓 = 15

🍋 - 🍍 - 🍍 = ___

Hard

🍓 + 🍓🍓 + 🍓🍓 = 24

🍓🍓 x 🍋 + 🍓🍓 = 44

🍐 + 🍐🍐 + 🍋🍋 = 28

🍓 + 🍐 - 🍓 = ___

Hard

🍌 + 🍌 + 🍌 = 9

🍌 × 🍊 + 🍊 = 50

🍐 + 🍊 + 🍊 = 13

🍌 - 🍐🍐 - 🍊 = ___

Hard

🍍🍍🍍 + 🍍🍍 + 🍍🍍 = 24

🍍 × 🍋 + 🍍 = 12

🍊 + 🍊 × 🍋 = 4

🍍 - 🍊 - 🍊 = ___

Solutions

Solutions

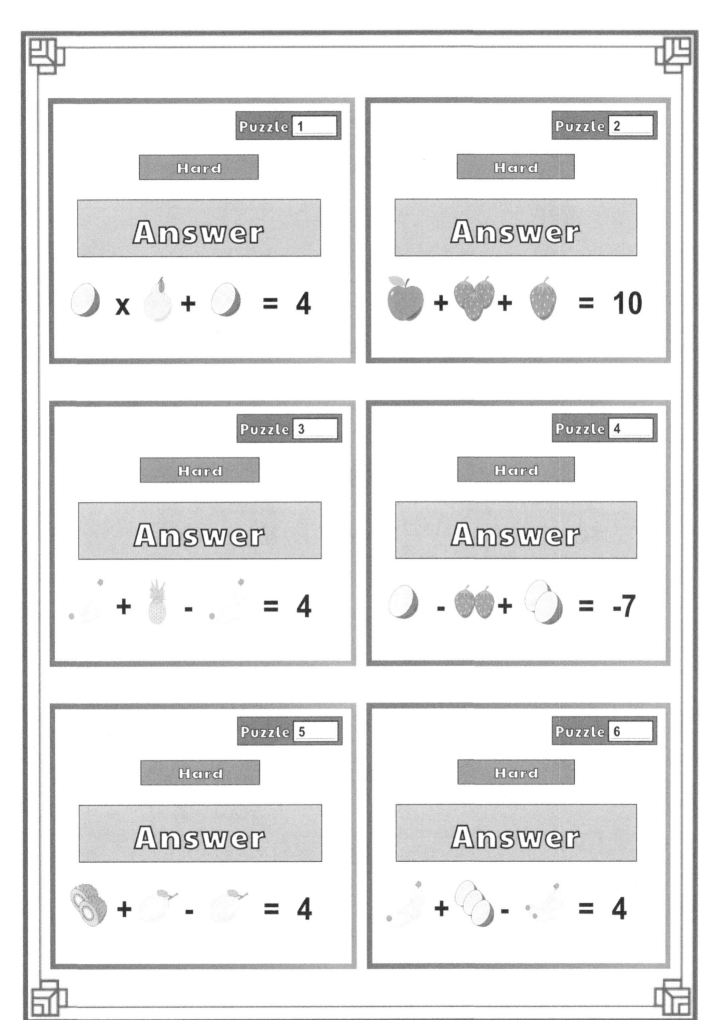

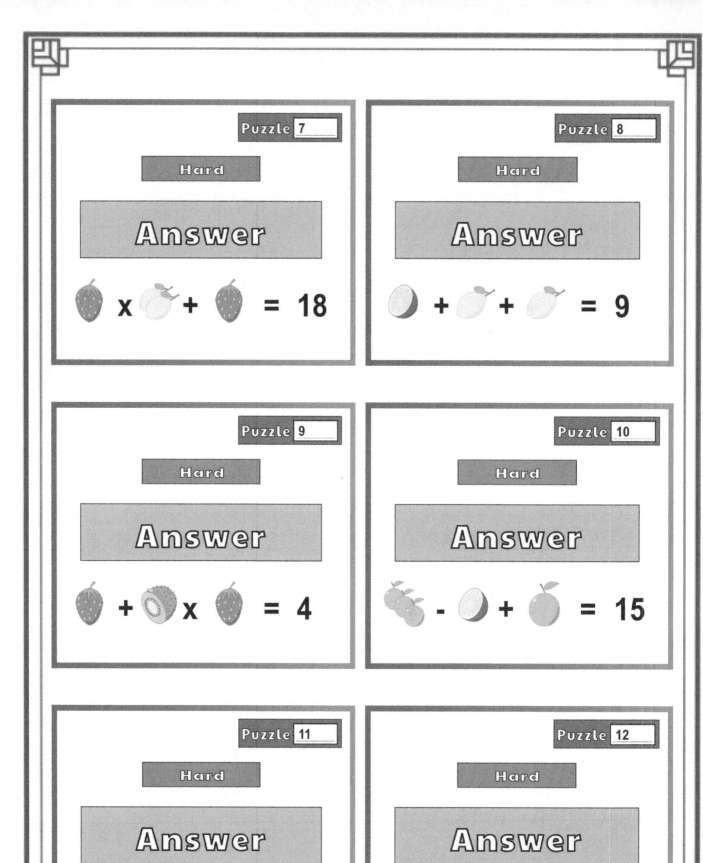

Puzzle 7

Hard

Answer

🍓 x 🍎 + 🍓 = 18

Puzzle 8

Hard

Answer

🍋 + 🍋 + 🍋 = 9

Puzzle 9

Hard

Answer

🍓 + 🥝 x 🍓 = 4

Puzzle 10

Hard

Answer

🍎 - 🥝 + 🍑 = 15

Puzzle 11

Hard

Answer

🍋 x 🍋 + 🍋 = 24

Puzzle 12

Hard

Answer

🍉 x 🍋 x 🍉 = 100

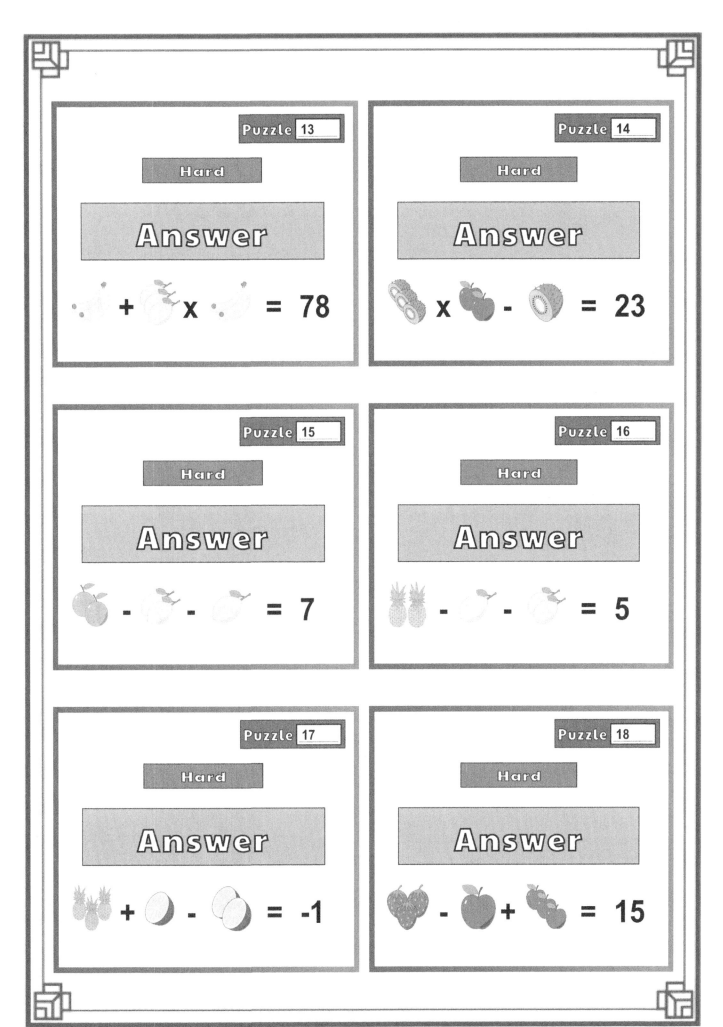

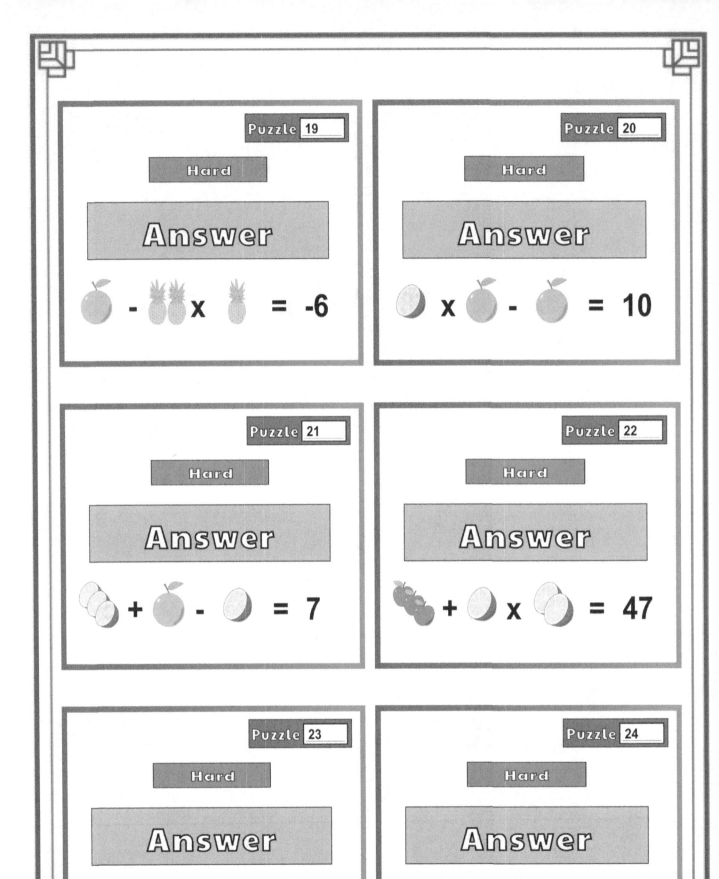

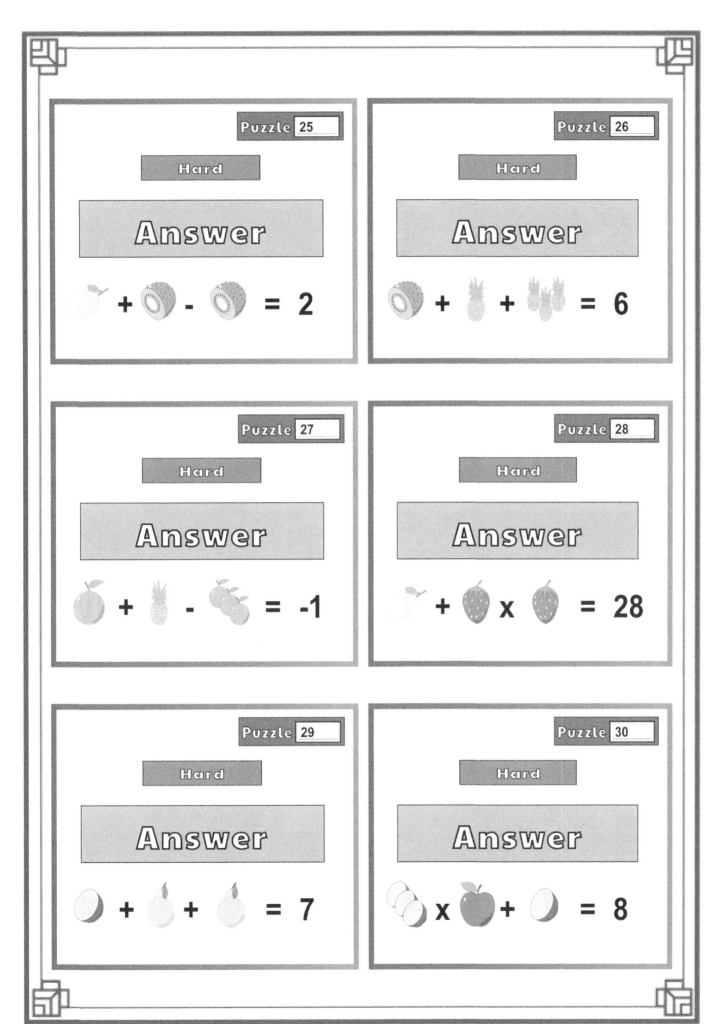

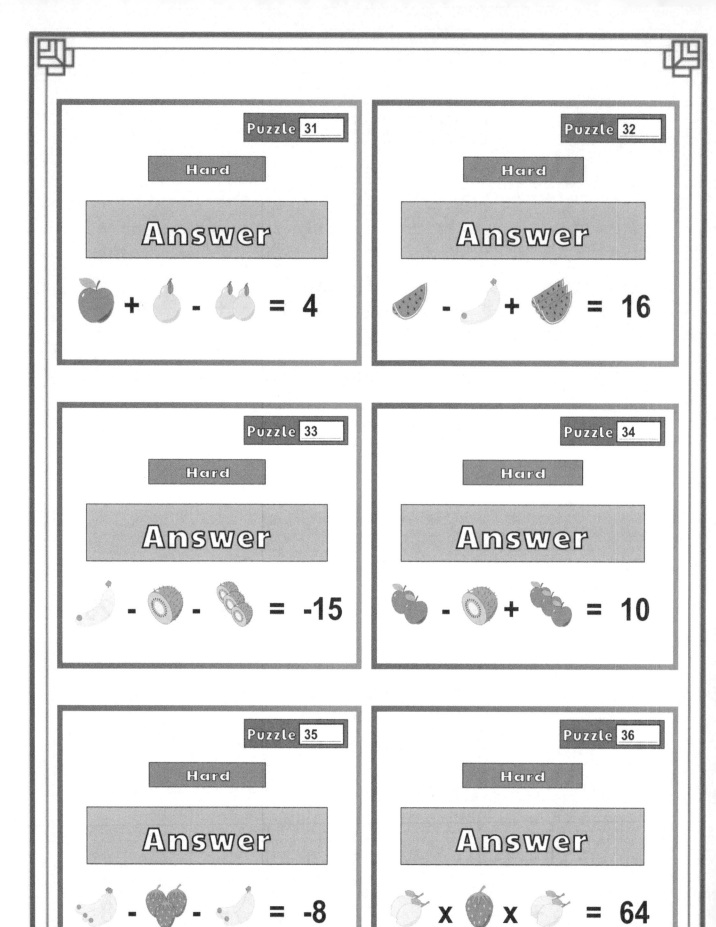

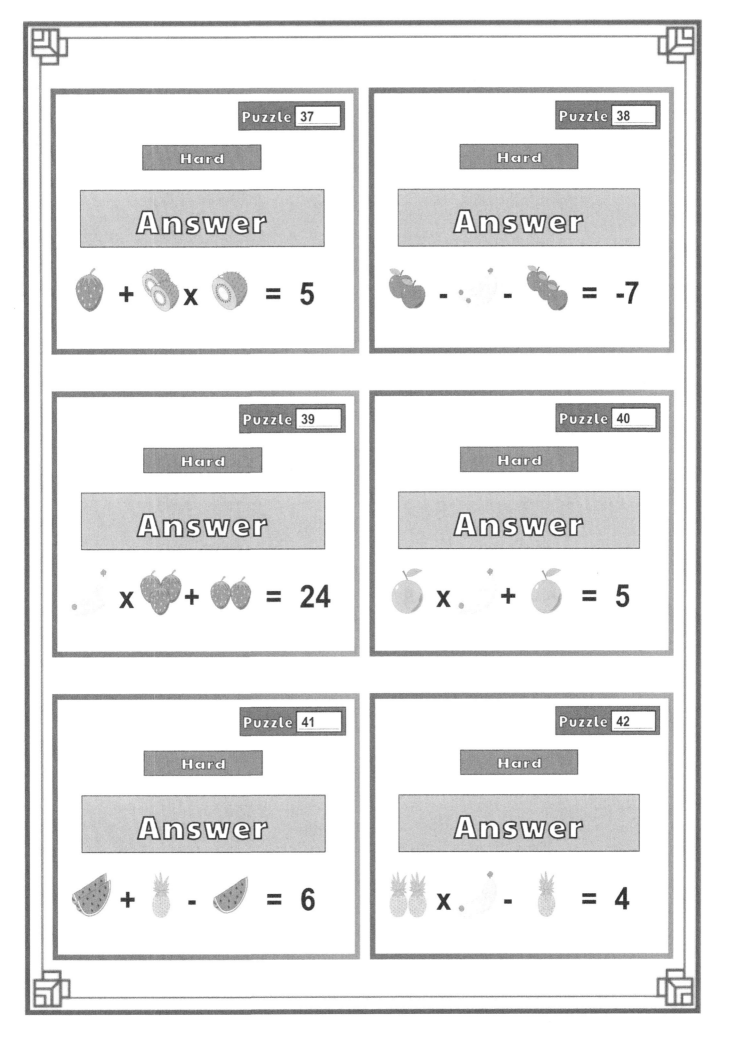

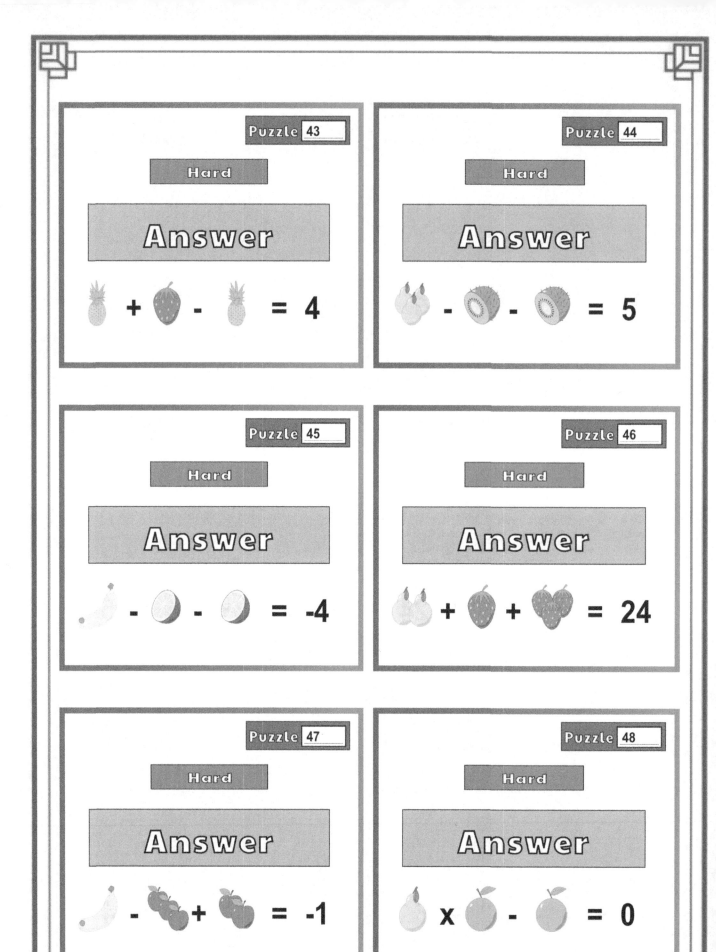

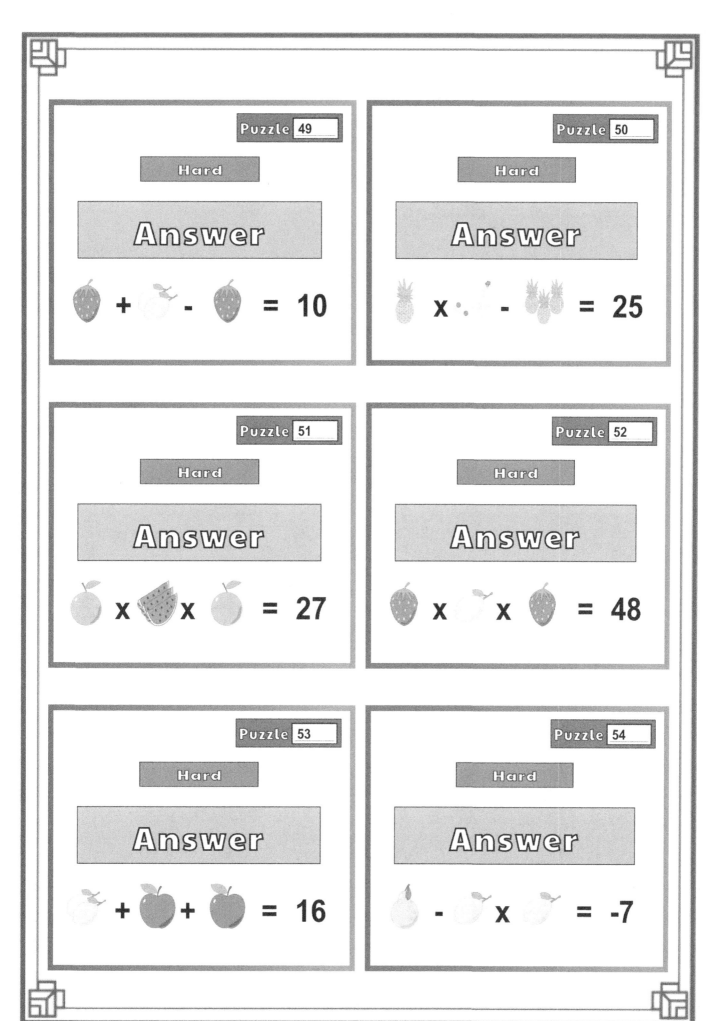

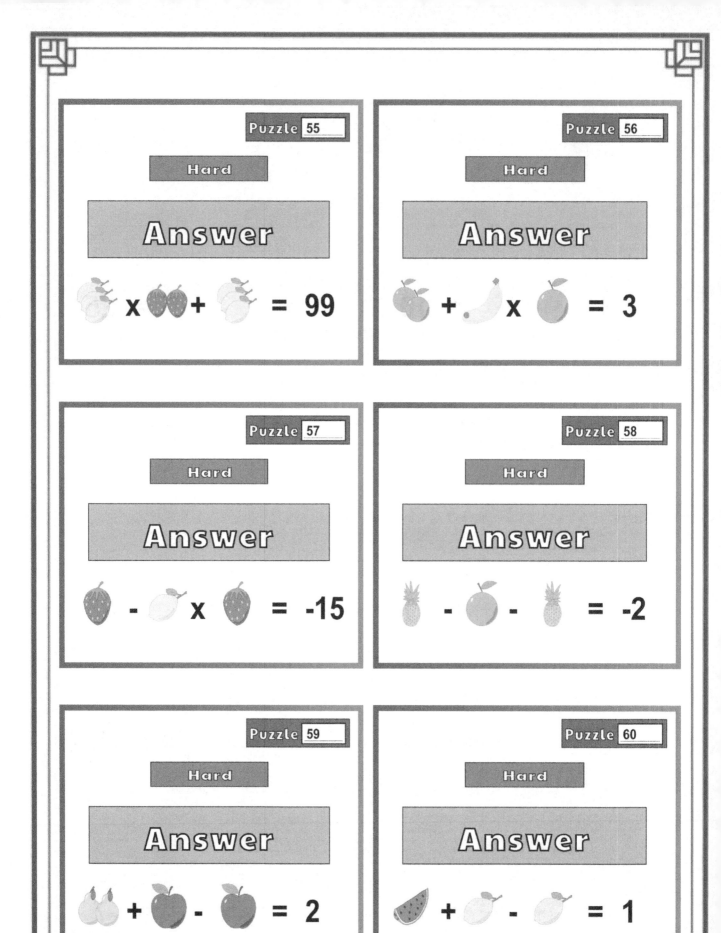

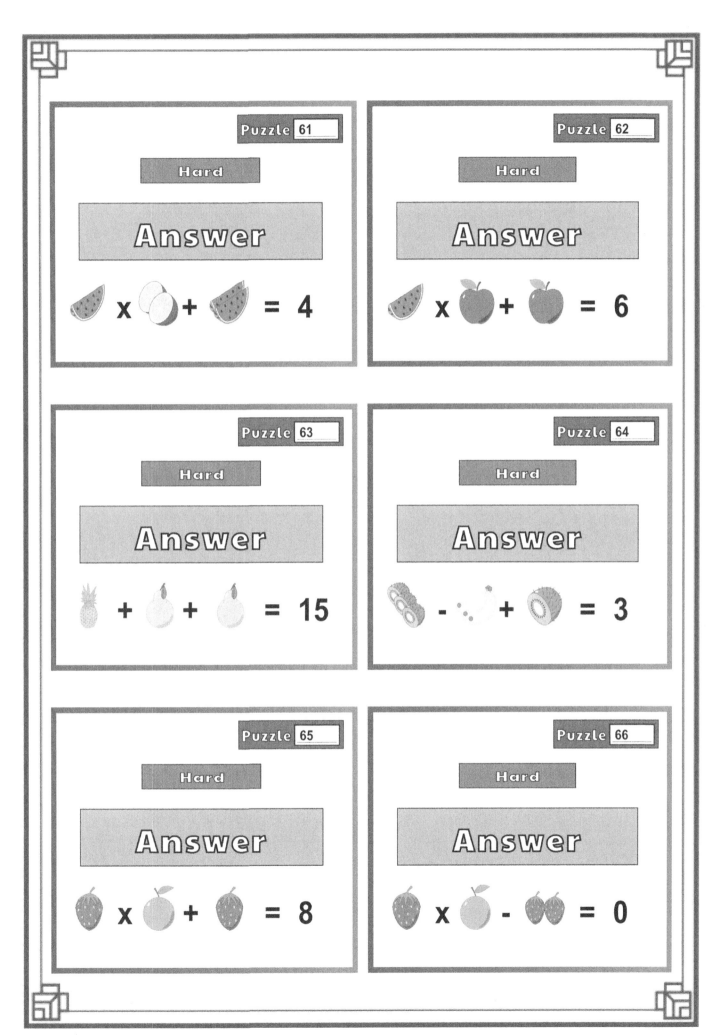

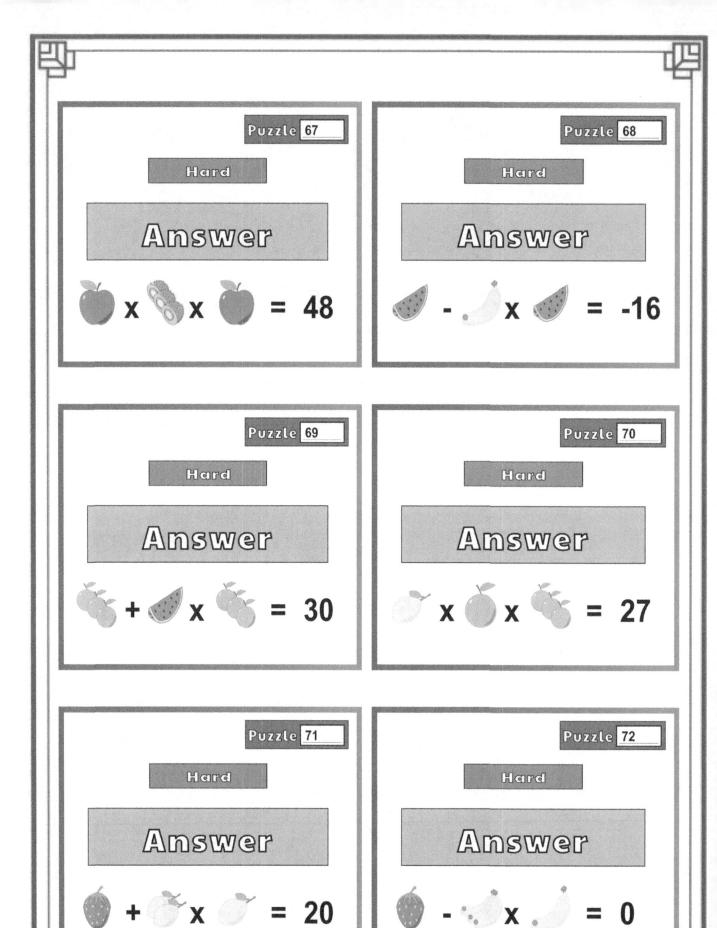

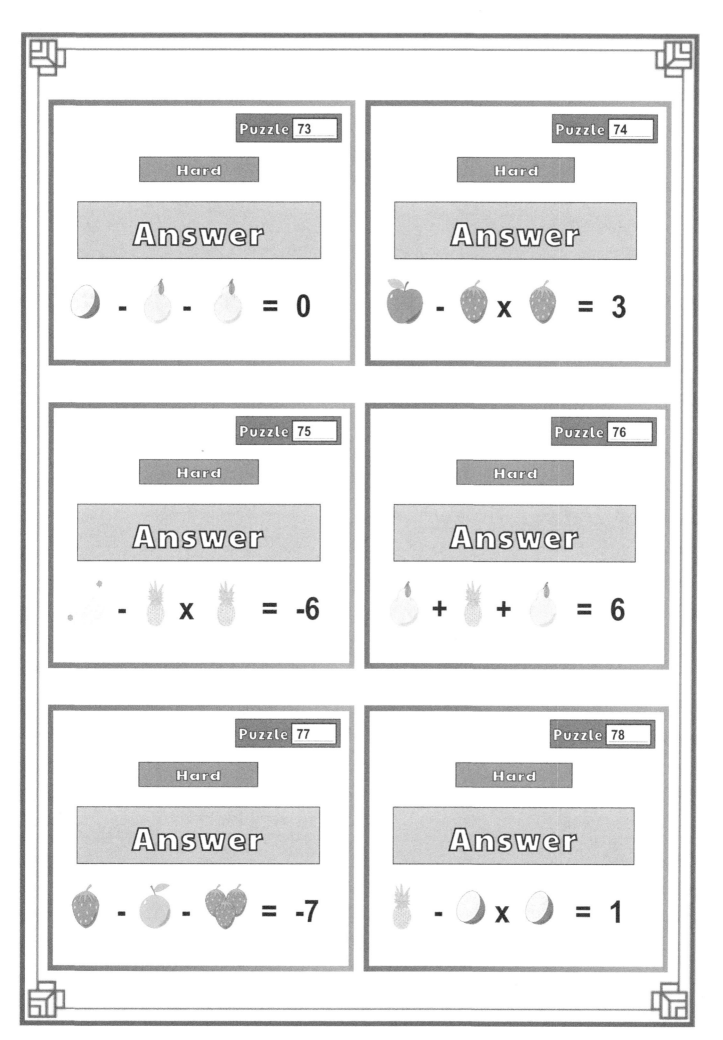

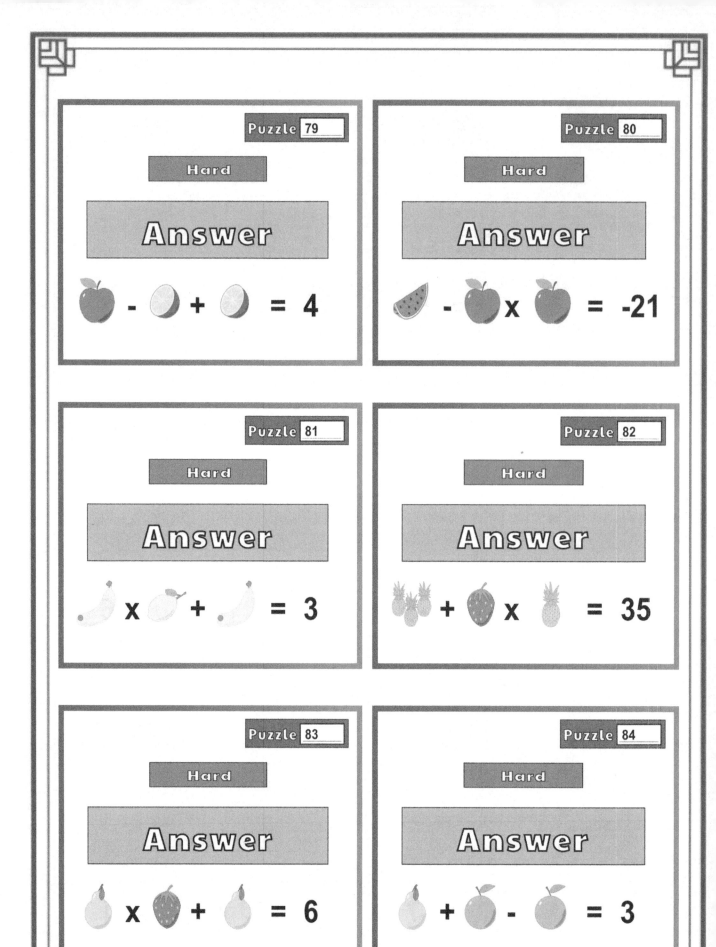

Puzzle 79

Hard

Answer

🍎 - 🍋 + 🍋 = 4

Puzzle 80

Hard

Answer

🍉 - 🍎 x 🍎 = -21

Puzzle 81

Hard

Answer

🍌 x 🍋 + 🍌 = 3

Puzzle 82

Hard

Answer

🍍🍍 + 🍓 x 🍍 = 35

Puzzle 83

Hard

Answer

🍐 x 🍓 + 🍐 = 6

Puzzle 84

Hard

Answer

🍐 + 🍊 - 🍊 = 3

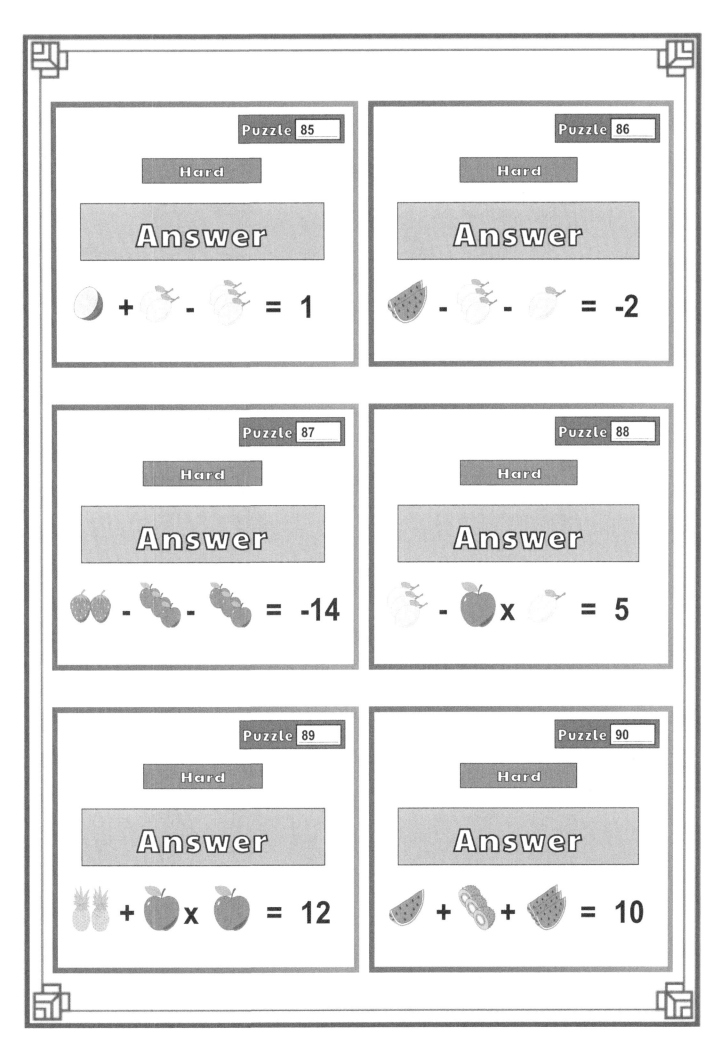

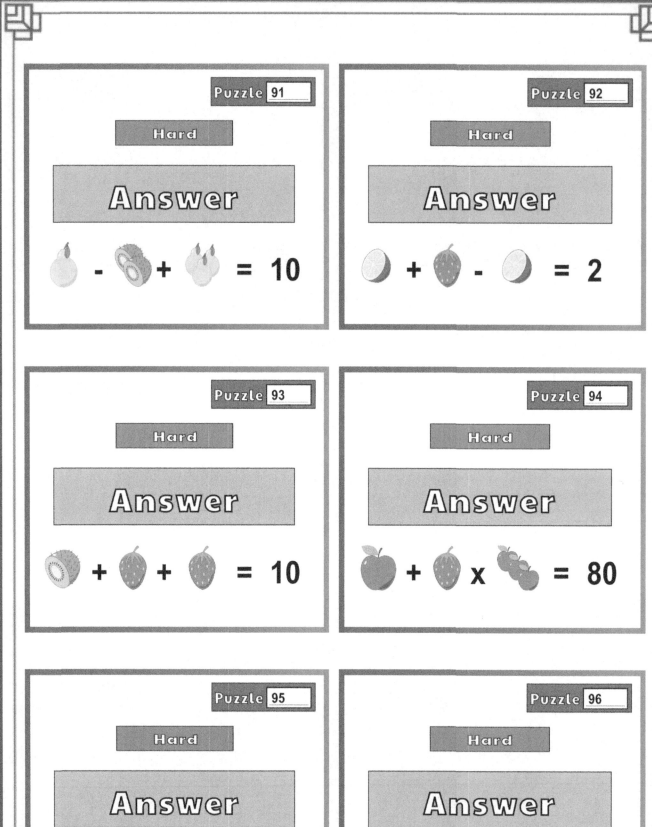

Puzzle 91

Hard

Answer

🍐 - 🥝 + 🍈 = 10

Puzzle 92

Hard

Answer

🍈 + 🍓 - 🍈 = 2

Puzzle 93

Hard

Answer

🥝 + 🍓 + 🍓 = 10

Puzzle 94

Hard

Answer

🍎 + 🍓 x 🍒 = 80

Puzzle 95

Hard

Answer

🍓 - 🍉 x 🍓 = 0

Puzzle 96

Hard

Answer

🍋 - 🍉 + 🍉 = 3

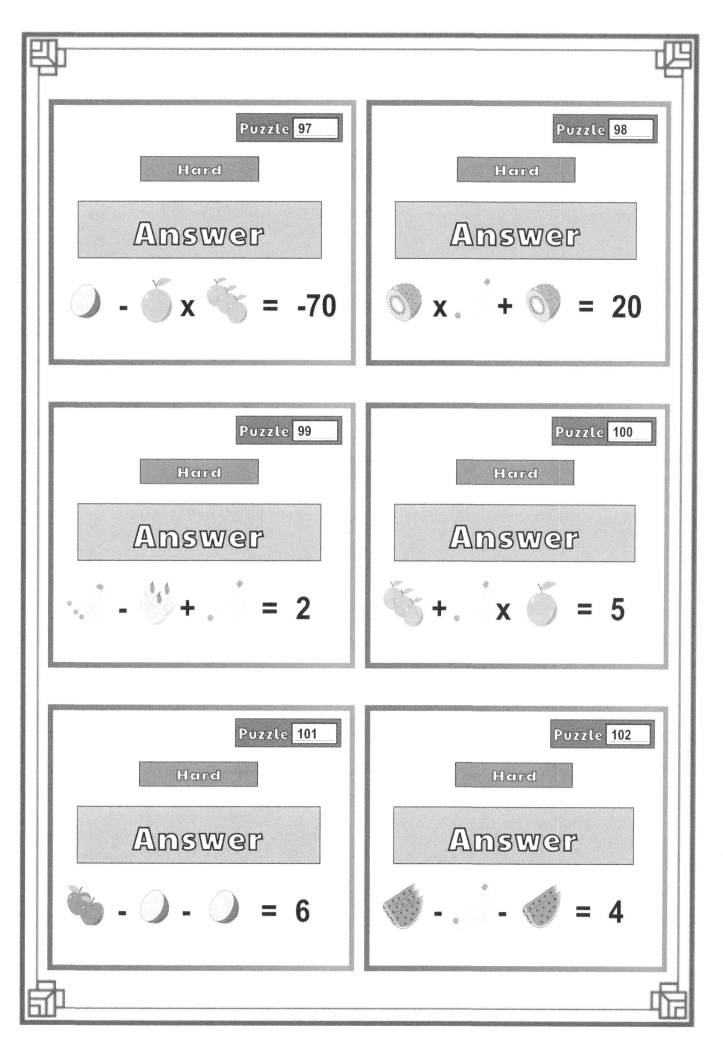

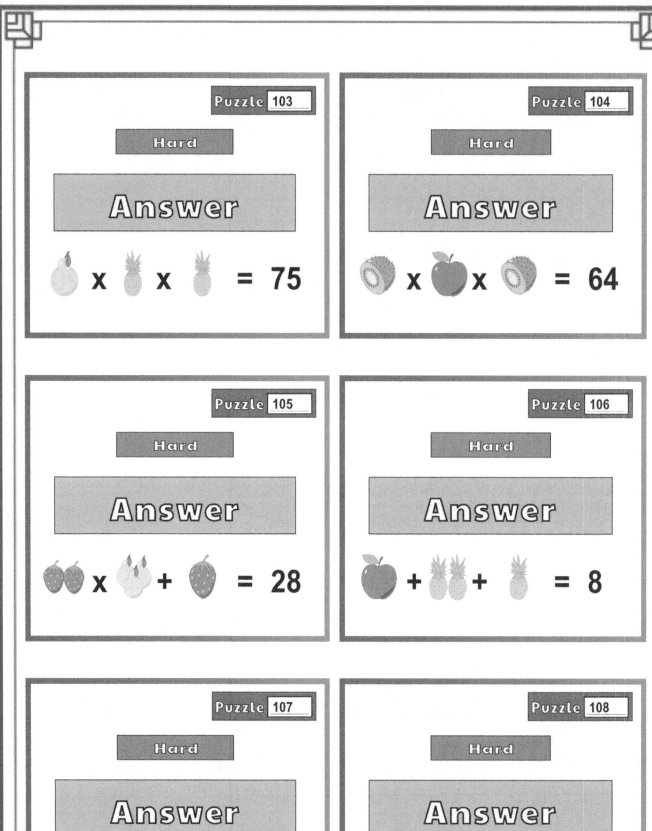

Puzzle 103

Hard

Answer

🍐 x 🍍 x 🍍 = 75

Puzzle 104

Hard

Answer

🥝 x 🍎 x 🥝 = 64

Puzzle 105

Hard

Answer

🍓🍓 x 🍐 + 🍓 = 28

Puzzle 106

Hard

Answer

🍎 + 🍍🍍 + 🍍 = 8

Puzzle 107

Hard

Answer

🍎🍎 + 🍍 - 🍍 = 4

Puzzle 108

Hard

Answer

🍐 x 🍎 x 🍎 = 20

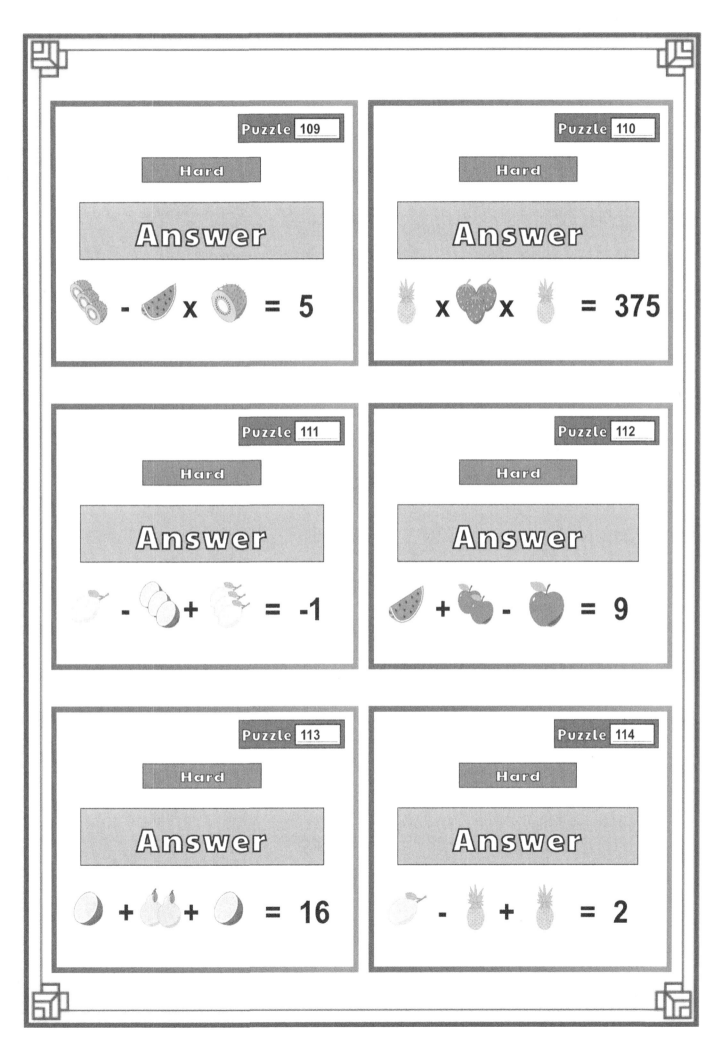

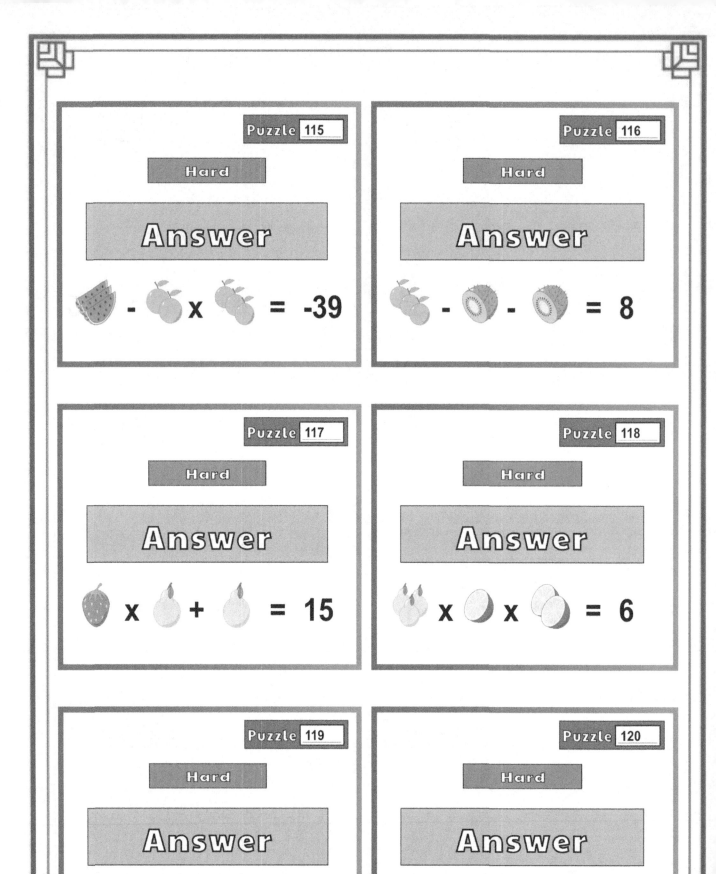

Puzzle 115 — Hard — Answer

🍉 - 🍑 x 🍑 = -39

Puzzle 116 — Hard — Answer

🍑 - 🥝 - 🥝 = 8

Puzzle 117 — Hard — Answer

🍓 x 🍐 + 🍐 = 15

Puzzle 118 — Hard — Answer

🍐 x 🥚 x 🥚 = 6

Puzzle 119 — Hard — Answer

🍑 x 🍉 x 🍑 = 36

Puzzle 120 — Hard — Answer

🍓 + 🥝 - 🥝 = -2

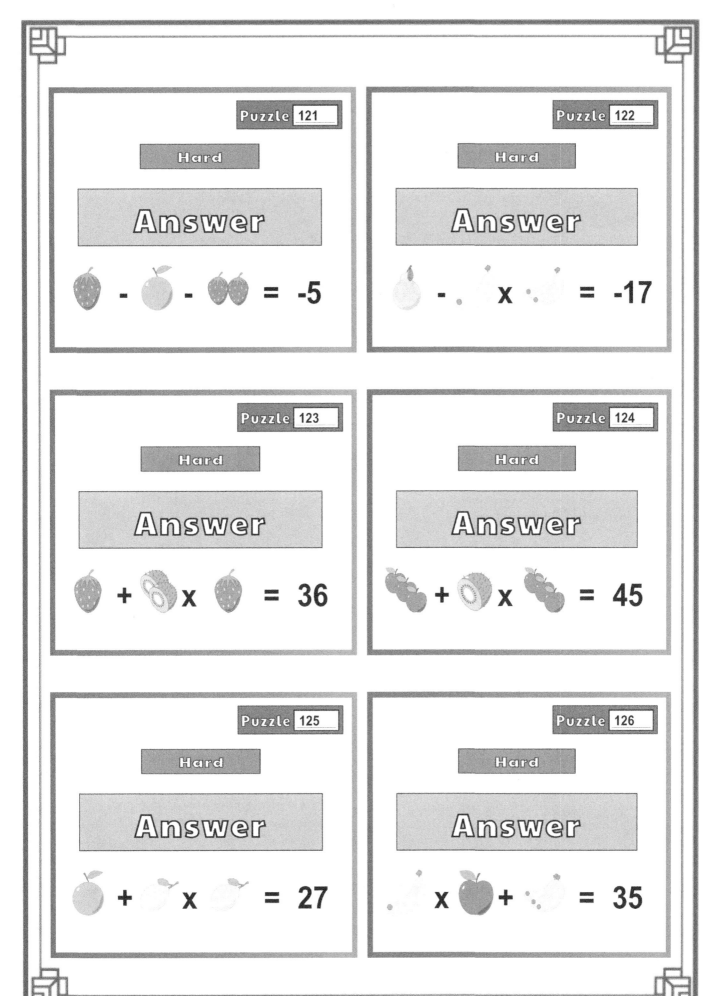

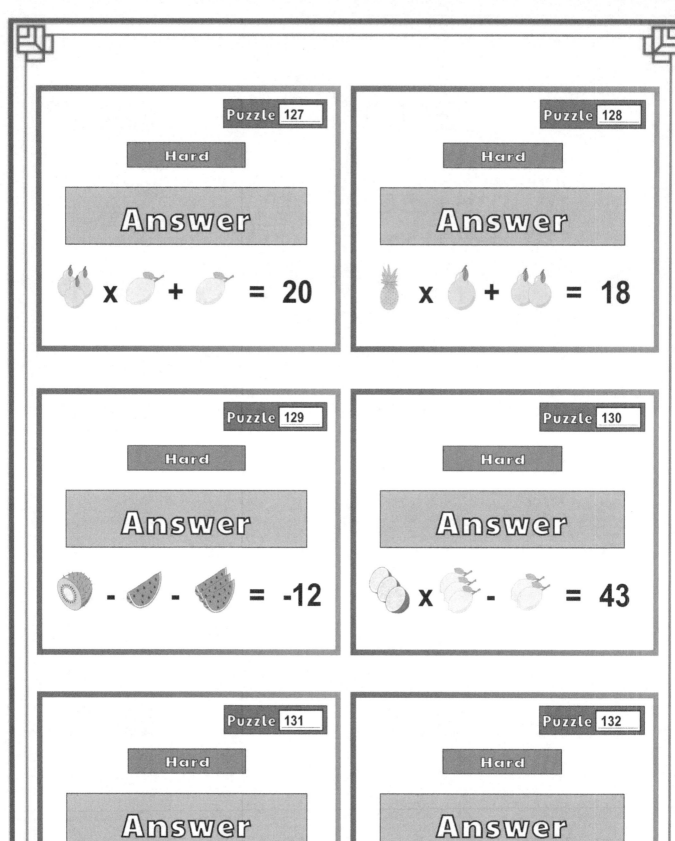

Puzzle 127

Hard

Answer

🍐 x 🍋 + 🍋 = 20

Puzzle 128

Hard

Answer

🍍 x 🍐 + 🍐🍐 = 18

Puzzle 129

Hard

Answer

🥝 - 🍉 - 🍉 = -12

Puzzle 130

Hard

Answer

🥚🥚 x 🍎 - 🍎 = 43

Puzzle 131

Hard

Answer

🍉 + 🍎🍎 x 🍉 = 13

Puzzle 132

Hard

Answer

🍑 + 🥝 - 🍑 = 0

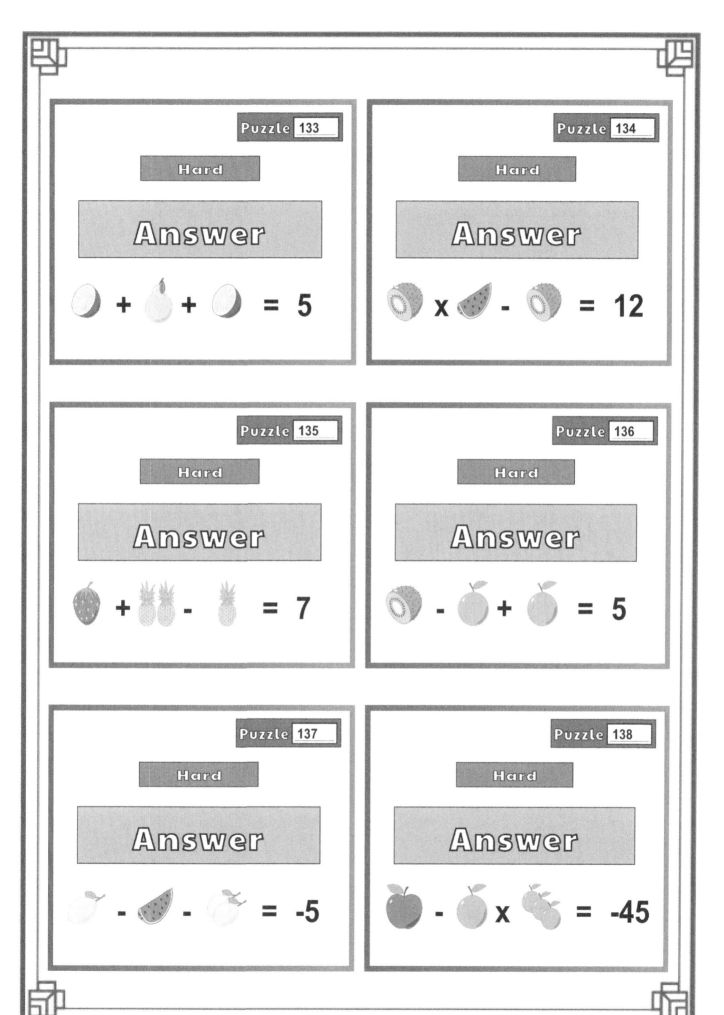

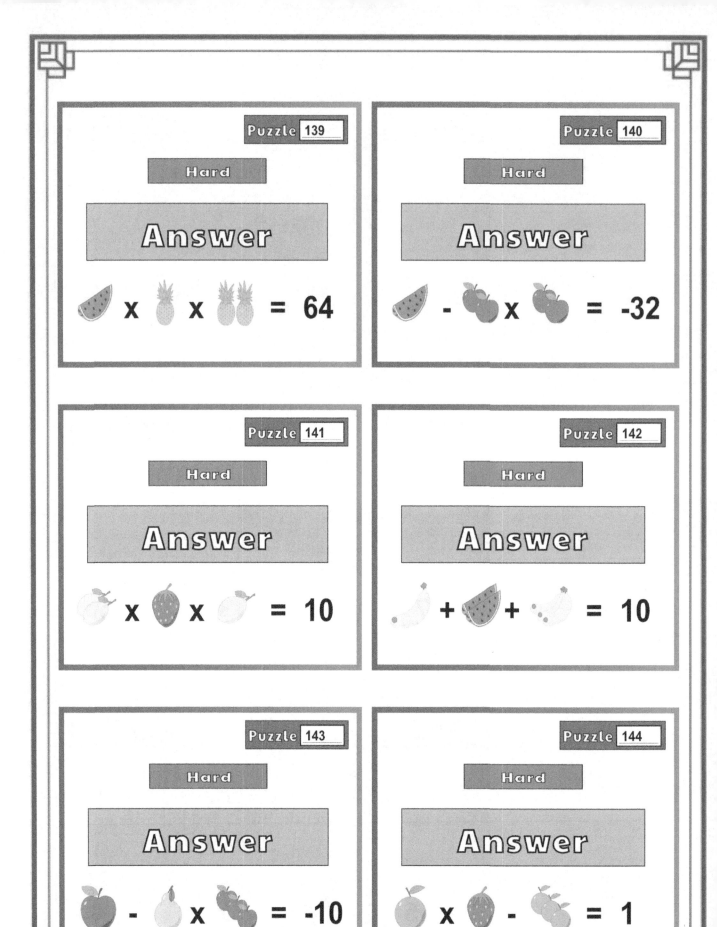

Puzzle 139

Hard

Answer

🍉 x 🍍 x 🍍🍍 = 64

Puzzle 140

Hard

Answer

🍉 - 🍎🍎 x 🍎 = -32

Puzzle 141

Hard

Answer

🍎 x 🍓 x 🍈 = 10

Puzzle 142

Hard

Answer

🍌 + 🍉 + 🍌 = 10

Puzzle 143

Hard

Answer

🍎 - 🍐 x 🍇 = -10

Puzzle 144

Hard

Answer

🍑 x 🍓 - 🍎 = 1

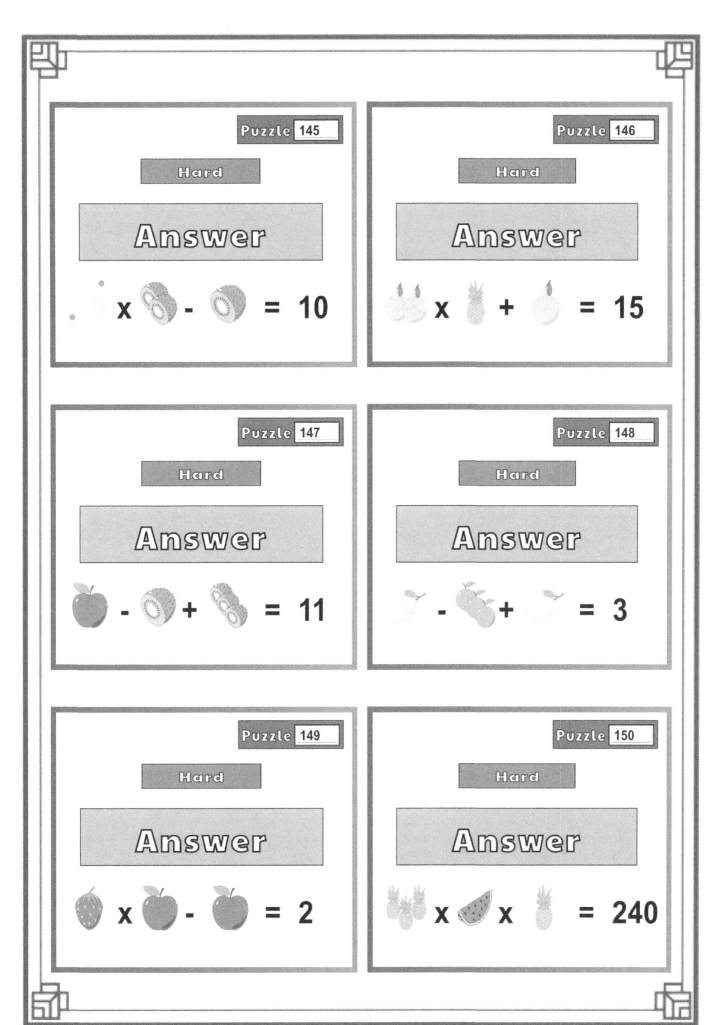

Puzzle 145 — Hard — Answer

$\bigcirc \times \bigcirc - \bigcirc = 10$

Puzzle 146 — Hard — Answer

$\bigcirc \times \bigcirc + \bigcirc = 15$

Puzzle 147 — Hard — Answer

$\bigcirc - \bigcirc + \bigcirc = 11$

Puzzle 148 — Hard — Answer

$\bigcirc - \bigcirc + \bigcirc = 3$

Puzzle 149 — Hard — Answer

$\bigcirc \times \bigcirc - \bigcirc = 2$

Puzzle 150 — Hard — Answer

$\bigcirc \times \bigcirc \times \bigcirc = 240$

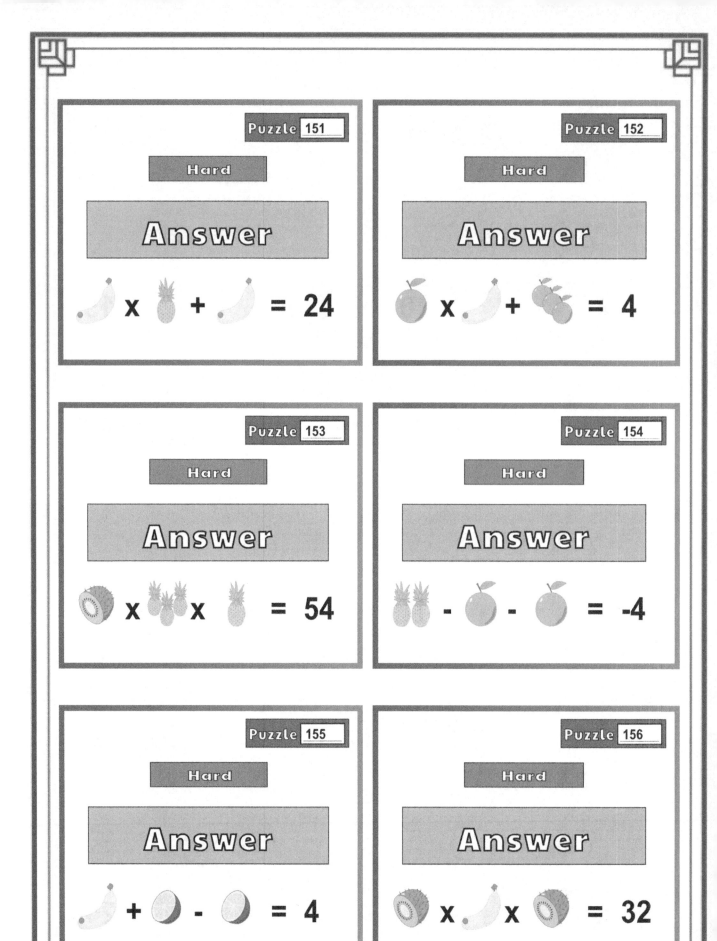

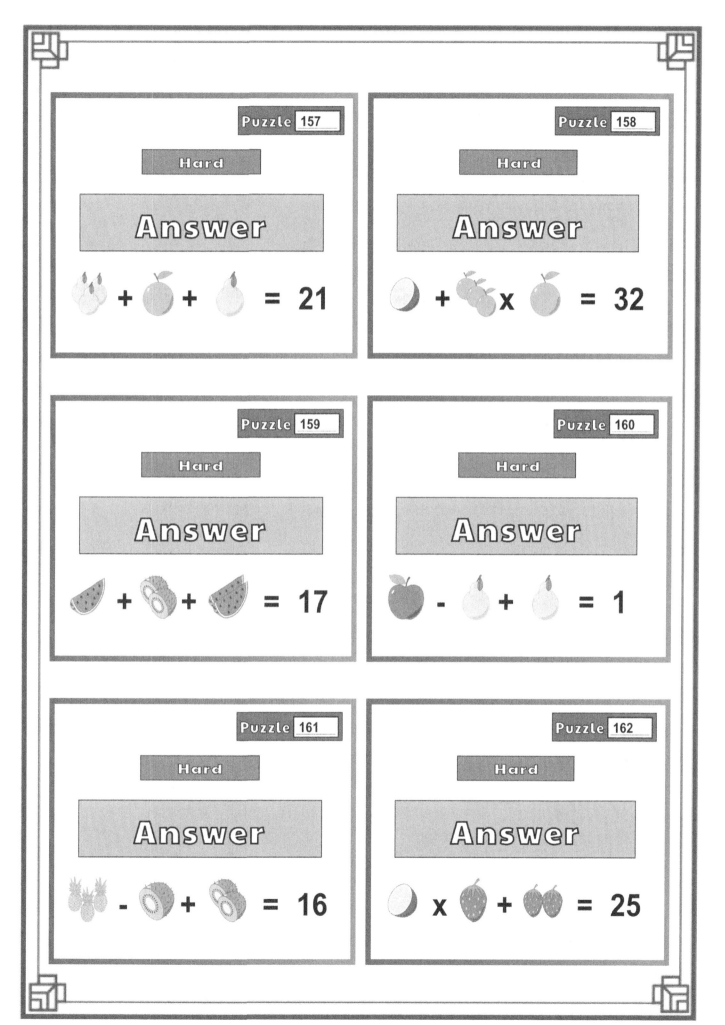

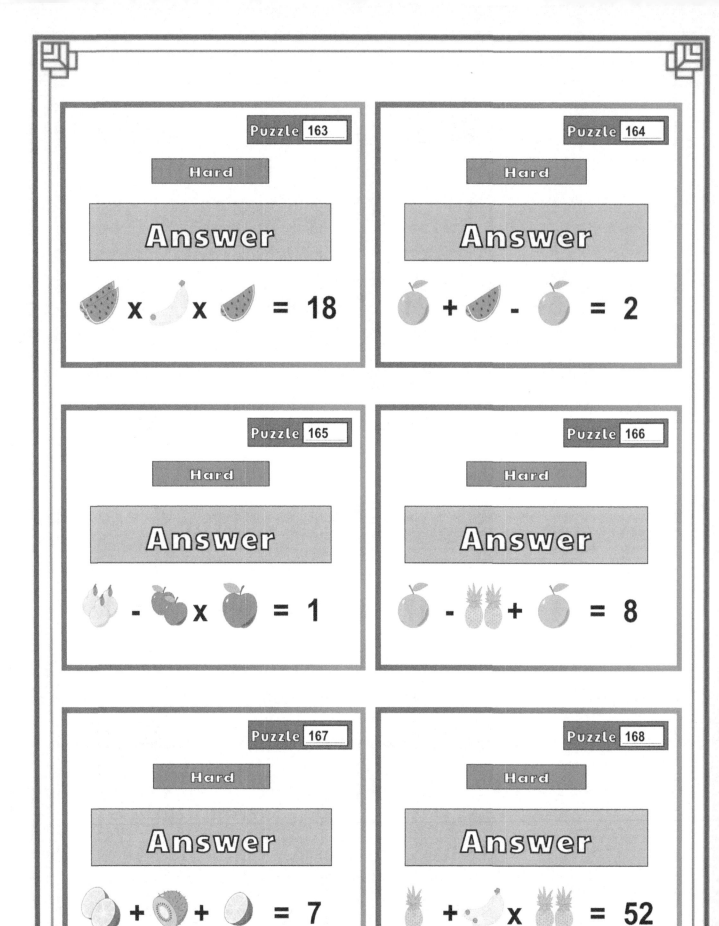

Puzzle 163
Hard

Answer

🍉 x 🍌 x 🍉 = 18

Puzzle 164
Hard

Answer

🍊 + 🍉 - 🍊 = 2

Puzzle 165
Hard

Answer

🍐 - 🍎 x 🍎 = 1

Puzzle 166
Hard

Answer

🍊 - 🍍🍍 + 🍊 = 8

Puzzle 167
Hard

Answer

🥚 + 🥝 + 🥝 = 7

Puzzle 168
Hard

Answer

🍍 + 🍌 x 🍍🍍 = 52

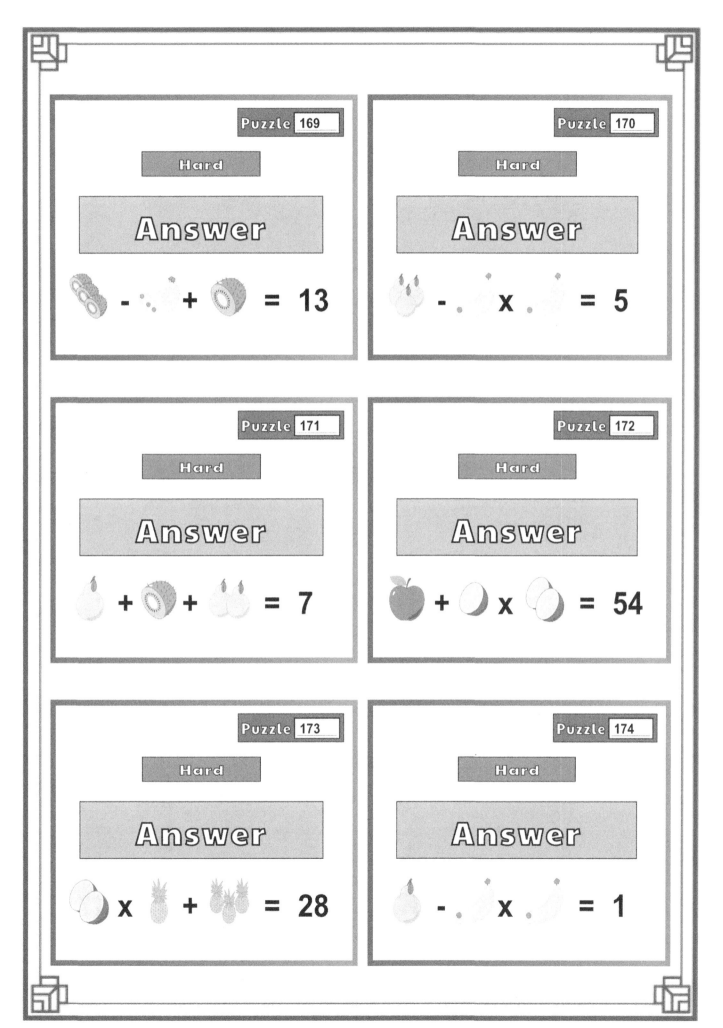

Puzzle 169

Hard

Answer

🥥 - 🥭 + 🥝 = 13

Puzzle 170

Hard

Answer

🍐 - 🫐 x 🍇 = 5

Puzzle 171

Hard

Answer

🍐 + 🥝 + 🍐 = 7

Puzzle 172

Hard

Answer

🍎 + 🥭 x 🥭 = 54

Puzzle 173

Hard

Answer

🥭 x 🍍 + 🍍 = 28

Puzzle 174

Hard

Answer

🍐 - 🍐 x 🍇 = 1

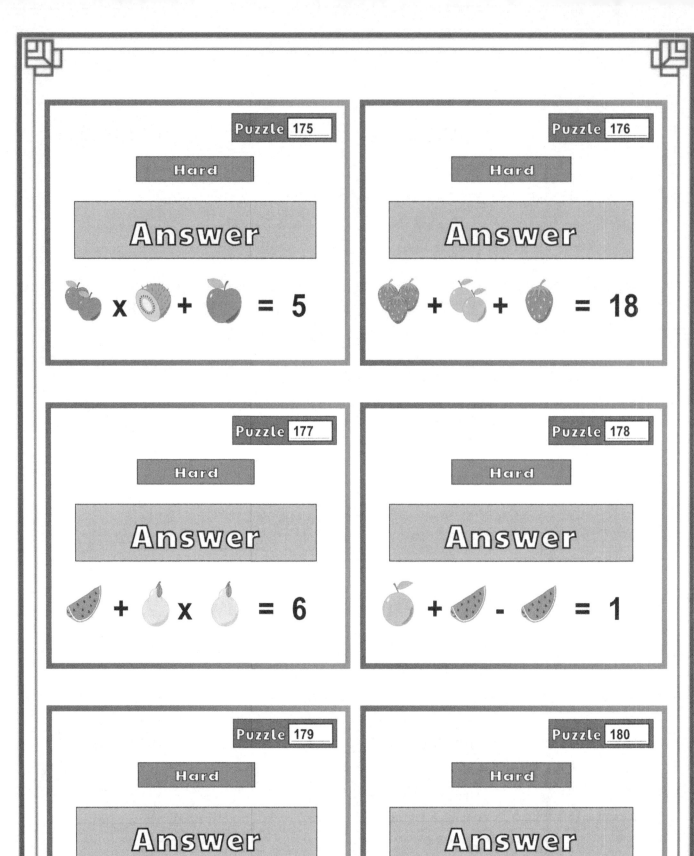

Puzzle 175

Hard

Answer

🍎×🥝 + 🍎 = 5

Puzzle 176

Hard

Answer

🍓 + 🍑 + 🍓 = 18

Puzzle 177

Hard

Answer

🍉 + 🍐×🍐 = 6

Puzzle 178

Hard

Answer

🍊 + 🍉 − 🍉 = 1

Puzzle 179

Hard

Answer

🍓 − 🍇 + 🍇 = 1

Puzzle 180

Hard

Answer

🍊 + 🍌 + 🍊 = 17

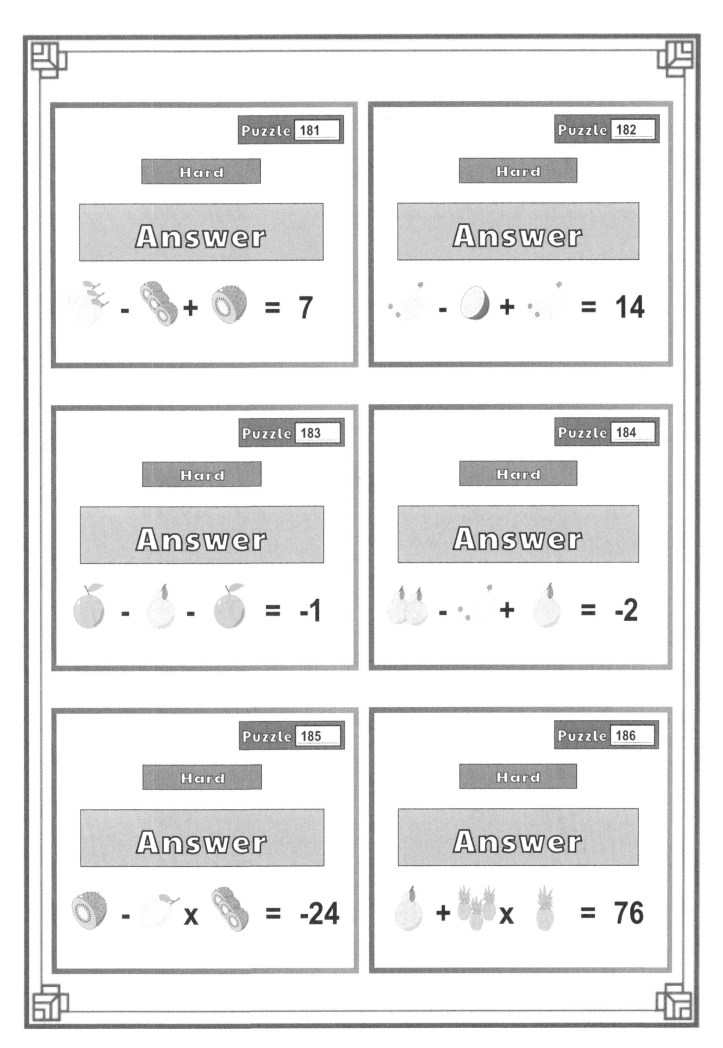

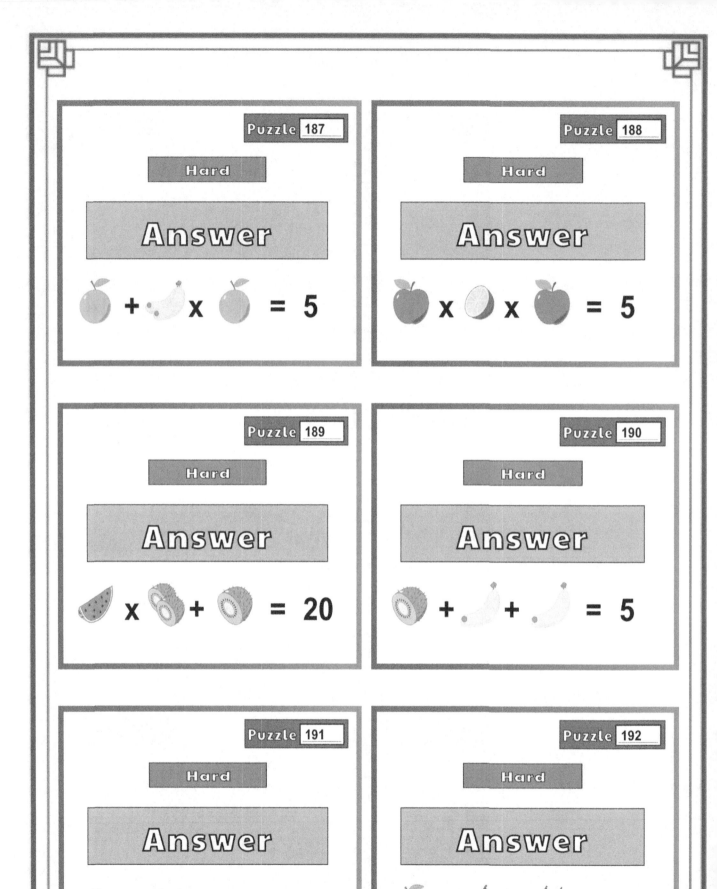

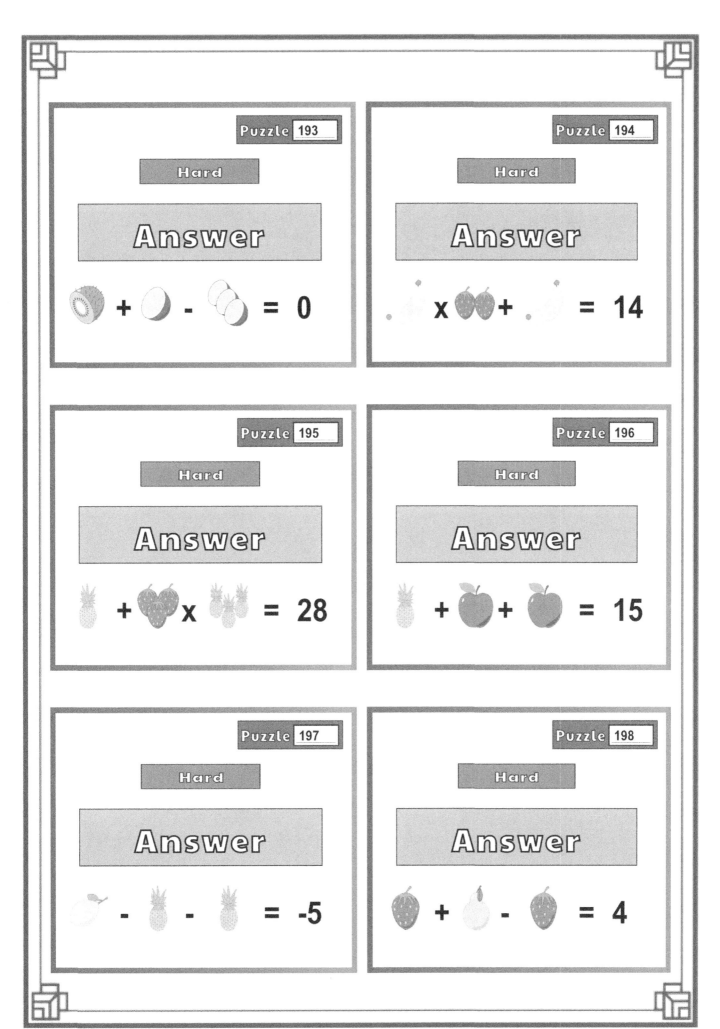

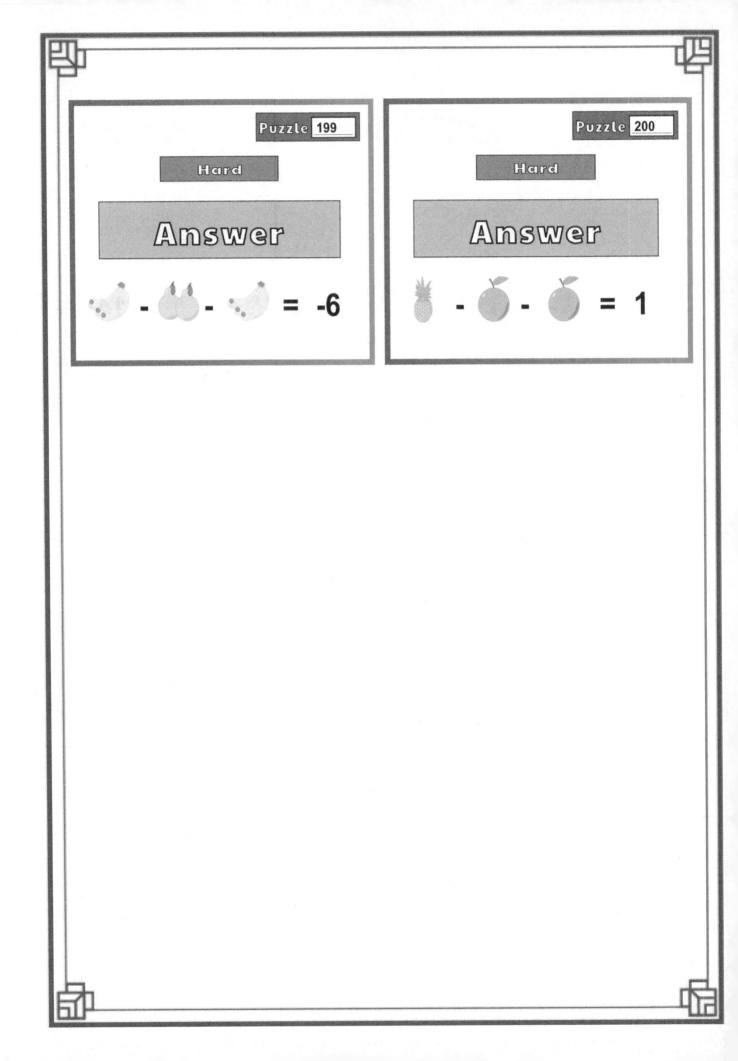

We hope you loved the logic puzzles. If you did, would you consider posting an online review?

This helps us to continue providing great products, and helps potential buyers to make confident decisions.

For more logic puzzles, find our similar titles

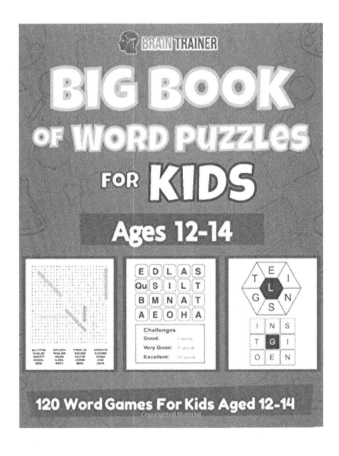

Made in the USA
Las Vegas, NV
18 December 2023

83191525R00077